O GUIA DA
REDAÇÃO
NOTA 1000

O GEN | Grupo Editorial Nacional – maior plataforma editorial brasileira no segmento científico, técnico e profissional – publica conteúdos nas áreas de concursos, ciências jurídicas, humanas, exatas, da saúde e sociais aplicadas, além de prover serviços direcionados à educação continuada.

As editoras que integram o GEN, das mais respeitadas no mercado editorial, construíram catálogos inigualáveis, com obras decisivas para a formação acadêmica e o aperfeiçoamento de várias gerações de profissionais e estudantes, tendo se tornado sinônimo de qualidade e seriedade.

A missão do GEN e dos núcleos de conteúdo que o compõem é prover a melhor informação científica e distribuí-la de maneira flexível e conveniente, a preços justos, gerando benefícios e servindo a autores, docentes, livreiros, funcionários, colaboradores e acionistas.

Nosso comportamento ético incondicional e nossa responsabilidade social e ambiental são reforçados pela natureza educacional de nossa atividade e dão sustentabilidade ao crescimento contínuo e à rentabilidade do grupo.

PROFINHO
VINÍCIUS OLIVEIRA

O GUIA DA
REDAÇÃO
NOTA 1000

- O autor deste livro e a editora empenharam seus melhores esforços para assegurar que as informações e os procedimentos apresentados no texto estejam em acordo com os padrões aceitos à época da publicação, e todos os dados foram atualizados pelo autor até a data de fechamento do livro. Entretanto, tendo em conta a evolução das ciências, as atualizações legislativas, as mudanças regulamentares governamentais e o constante fluxo de novas informações sobre os temas que constam do livro, recomendamos enfaticamente que os leitores consultem sempre outras fontes fidedignas, de modo a se certificarem de que as informações contidas no texto estão corretas e de que não houve alterações nas recomendações ou na legislação regulamentadora.

- Fechamento desta edição: *31.07.2023*

- O Autor e a editora se empenharam para citar adequadamente e dar o devido crédito a todos os detentores de direitos autorais de qualquer material utilizado neste livro, dispondo-se a possíveis acertos posteriores caso, inadvertida e involuntariamente, a identificação de algum deles tenha sido omitida.

- **Atendimento ao cliente: (11) 5080-0751 | faleconosco@grupogen.com.br**

- Direitos exclusivos para a língua portuguesa
  Copyright © 2023 by
  Editora Forense Ltda.
  Uma editora integrante do GEN | Grupo Editorial Nacional
  Travessa do Ouvidor, 11 – Térreo e 6º andar
  Rio de Janeiro – RJ – 20040-040
  www.grupogen.com.br

- Reservados todos os direitos. É proibida a duplicação ou reprodução deste volume, no todo ou em parte, em quaisquer formas ou por quaisquer meios (eletrônico, mecânico, gravação, fotocópia, distribuição pela Internet ou outros), sem permissão, por escrito, da Editora Forense Ltda.

- Capa: Bruno Zorzetto

- **CIP – BRASIL. CATALOGAÇÃO NA PUBLICAÇÃO.
  SINDICATO NACIONAL DOS EDITORES DE LIVROS, RJ.**

O52g
Oliveira, Vinícius

O guia da redação nota 1000 / Vinícius Oliveira. – 1. ed. – [6. Reimp]. – Rio de Janeiro: Método, 2025.
248 p. ; 23 cm.
Inclui índice
ISBN 978-65-5964-872-6

1. Língua portuguesa - Composição e exercícios. 2. Exame Nacional do Ensino Médio (Brasil). 3. Língua portuguesa - Problemas, questões, exercícios. I. Título.

| 23-85020 | CDD: 469.8 | CDU: 811.134.3'27 |

Gabriela Faray Ferreira Lopes - Bibliotecária - CRB-7/6643

PREFÁCIO

"O que eu espero, senhores, é que, depois de um razoável período de discussão, todo mundo concorde comigo."

Esta frase do famoso estadista britânico Winston Churchill revela exatamente o desejo de todos que escrevem seus textos com um propósito argumentativo: todos querem que suas ideias sejam persuasivas, convincentes, tocantes, a ponto de fazer o leitor não só captar a vigorosa essência da argumentação, mas receber sua ideia de braços abertos.

E é exatamente assim que este livro nos convence e nos ensina, do início ao fim — seja pela forma extremamente didática, seja pelo conteúdo incrivelmente completo. O trabalho realizado aqui é algo que há muito deveria ter sido feito no mundo do Enem, mas ninguém teve a disposição de fazê-lo, e tão bem... até agora!

Sim, o trabalho foi feito. O livro está pronto. Não importa se a prova de Redação do Enem é difícil. Ela deixou de ser no exato instante em que você decidiu abrir as páginas deste livro e aprender o passo a passo para brilhar na hora H.

Quando você fizer o Enem, esteja ciente de que a prova de Redação é o fio da navalha, é o momento que determina o seu futuro — e ele está logo ali, à sua espera.

Mas adivinha?

Quando a hora chegar, você estará mais do que preparado — e não para tirar uma nota razoável, mas para mostrar que você chegou ao patamar de uma Redação Nota 1000!

Fernando Pestana
*Professor de Português, mestre em
Linguística e escritor best-seller*

SUMÁRIO

Apresentação
Como é a redação do Enem? 1
- Por que eu tenho que fazer uma redação no Enem? 1
- Entenda o padrão da redação do Enem do ZERO! 2
- Qual é a tipologia textual obrigatória? 2
- Como evitar a anulação da prova? 5
- Como a redação do Enem é corrigida? 7

Capítulo 1
Como interpretar o tema do Enem? 9
- Como são os temas da redação do Enem? 9
- Como interpretar o tema do Enem? 10
  1. Como identificar a expressão-chave do tema? 10
  2. Como identificar os comandos expressos? 11
- O que é foco temático e como não se desviar dele? 12
- Diferenças entre tema x título x assunto 14
  1. Tema 14
  2. Título 14
  3. Assunto 14

Capítulo 2
Como organizar as ideias no papel? 17
- Como escolher as 3 ideias mais importantes da redação? 18

- Como criar uma tese nota 1000? 18
  - Princípios fundamentais da TESE 20
    - a) Argumentatividade 20
    - b) Assertividade 21
    - c) Relevância 21
    - d) Objetividade 21
- Como identificar o direito relacionado ao tema 22
- Como escolher os melhores argumentos para a redação 24
  - 6 argumentos que servem para todos os temas do Enem 25
    - a) Desigualdade 26
    - b) Egoísmo 26
    - c) Maldade humana 26
    - d) Omissão do Estado 26
    - e) Antigos pensamentos da sociedade 26
    - f) Invisibilidade social 26

Capítulo 3

Os 10 passos para uma redação perfeita! 29
- Passo a passo para uma redação nota 1000 29
- Conhecendo cada passo de uma redação excelente 30
  - PASSO 1 – Abordagem Temática 30
  - PASSO 2 – Tese 31
  - PASSO 3 – Antecipação Argumentativa 31
  - PASSO 4 – Tópico Frasal 32
  - PASSO 5 – Fundamentação 32
  - PASSO 6 – Aprofundamento Argumentativo 32
  - PASSO 7 – Reflexão Crítica 33
  - PASSO 8 – Tópico Frasal Propositivo 34
  - PASSO 9 – Proposta Completa 34
  - PASSO 10 – Desfecho Argumentativo 34

Capítulo 4

PASSO 1 – A abordagem temática 37

- Os 7 tipos de abordagem do tema 37
    1) Alusão histórica 38
    2) Alusão bibliográfica 38
    3) Alusão ficcional 38
    4) Alusão legislativa 38
    5) Testemunho autorizado 38
    6) Definição informativa 39
    7) Abordagem por dados estatísticos 39
- Como impressionar o corretor nas primeiras linhas da introdução 39
    1. Escolha uma expressão que mereça ser valorizada na frase 39
    2. Faça o deslocamento da expressão para o final da frase, usando dois-pontos (:) 39
    3. Abordagens curinga para vários temas 40
        Abordagem 1 40
        Abordagem 2 40
        Abordagem 3 40

Capítulo 5

PASSO 2 – A tese 41

- O que é tese? 41
    Diferenças entre TEMA x TESE 42
    Diferenças entre FATO x TESE 42
    Diferenças entre ARGUMENTO x TESE 42
    Diferenças entre PROPOSTA x TESE 42
- Regras fundamentais da TESE na redação do Enem 44
    As 110 palavras com juízo de valor para usar na tese 46
    Lista de palavras para tornar a tese produtiva 48

Capítulo 6

PASSO 3 – A antecipação argumentativa 51

- Por que a antecipação argumentativa é importante? 51

- As 7 estruturas de antecipação curinga 52
- Três introduções que servem para vários temas (alinhadas à banca Cebraspe) 53

Capítulo 7

PASSO 4 – O tópico frasal argumentativo 55

- O que é tópico frasal e por que é importante? 55
- Orientações específicas do tópico frasal 55
- Dezoito verbos argumentativos para usar no tópico frasal 56
- Três características de um tópico frasal excelente 57
    1. Objetividade 57
    2. Argumentatividade 57
    3. Relevância 57
- Veja 21 tópicos frasais curinga para vários temas 57

Capítulo 8

PASSO 5 – A fundamentação 61

- O que é fundamentação e por que ela é importante? 61
- Regras da fundamentação no Enem 62
- Tipos de desenvolvimento da fundamentação 62
    A) Fundamentação por contextualização informativa 62
    B) Fundamentação por contextualização legislativa 63
    C) Fundamentação por alusão histórica 63
    D) Fundamentação por alusão bibliográfica 63
    E) Fundamentação por alusão ficcional convencional 63
    F) Fundamentação por alusão ficcional lúdica 64
    G) Fundamentação por alusão ficcional distópica 64
- As 3 fundamentações curinga para vários temas 64
    1) Convenção Americana sobre Direitos Humanos 64
    2) Filósofo John Rawls 64
    3) Filósofo Alvin Toffler 64

Capítulo 9

PASSO 6 – O aprofundamento argumentativo 65

- O que é aprofundamento argumentativo? 65
- Aplicando a técnica da pirâmide argumentativa 66
    1. Argumento 66
    2. Raciocínio crítico 66
    32 frases prontas para usar no aprofundamento argumentativo 66
    3. Frase antilacuna argumentativa 68
- Lista de conectivos para iniciar o aprofundamento argumentativo 73
- Como evitar os falsos desenvolvimentos? 74

Capítulo 10

PASSO 7 – A reflexão crítica 75

- O que é reflexão crítica? 75
- 7 reflexões críticas curinga para vários temas 76

Capítulo 11

PASSO 8 – O tópico frasal conclusivo 77

- O que é tópico frasal conclusivo? 77
- Lista de conectivos para iniciar a conclusão 78
- Os 7 tópicos frasais conclusivos para vários temas 78

Capítulo 12

PASSO 9 – A proposta de intervenção 81

- O que é proposta de intervenção? 81
- Orientações específicas do AGENTE 82
- 50 agentes para vários temas 85
- Orientações específicas da AÇÃO 87
- 50 verbos de ação para vários temas 88
- Orientações específicas do MEIO de ação 88
- Orientações específicas da FINALIDADE 90
- Orientações específicas do DETALHAMENTO 92

- Detalhamentos que servem para vários temas 93
- 33 detalhamentos exemplificativos que servem para vários temas 94

Capítulo 13

PASSO 10 – O desfecho argumentativo 97
- O que é desfecho argumentativo? 97
- Erros comuns na formulação do desfecho 98
- 5 desfechos argumentativos que servem para vários temas 98

Capítulo 14

Gabaritando a Competência 1 101
- Como gabaritar a Competência 1? 101
- Como demonstrar excelente domínio da gramática e alcançar 200 na C1? 103
- 1) Como usar travessões? 104
  - Tipos de uso dos travessões 105
- 2) Como usar dois-pontos? 106
  - O que é tópico sentencial? 106
- 3) Como usar linguagem formal? 107
- 4) Como usar verbos irregulares? 108
  - Verbos irregulares para a redação 109
- 5) Como fazer inversões sintáticas na redação? 109
  - 5 frases curinga com inversão sintática 110
- 6) Como respeitar o paralelismo sintático? 111
- Redação nota 1000 do Profinho 112
- Inep analisando a redação nota 1000 do Profinho 113
- Os 9 motivos pelos quais você deve evitar gerúndio na redação 114
- Guia rápido de regência do Profinho 116
- Palavras que não aceitam crase 118

Capítulo 15

Gabaritando a Competência 2 123
- Como gabaritar a Competência 2? 123

- 5 orientações práticas para gabaritar a Competência 2 126
    - a) Perceba as sugestões dadas pelos textos motivadores! 130
    - b) Aproveite os dados do texto motivador acrescentando outras informações 131
    - c) Cuidado para não se perder do tema! 132
- Repertórios aceitos na redação do Enem 134
- 3 regras fundamentais dos repertórios 135
    - a) O que é repertório pertinente? 136
    - b) O que é repertório legitimado? 136
    - c) O que é repertório produtivo? 138
        - I. Retomada dentro do parágrafo 138
        - II. Retomada entre os parágrafos 139
        - III. Retomada da expressão final da conclusão para ser título 140
    - Evite parágrafos sem retomada 140
    - Palavras que ajudam a fazer retomadas 141
- Como demonstrar domínio da estrutura do texto 141

Capítulo 16
Gabaritando a Competência 3 143
- Como gabaritar a Competência 3? 143
- 7 passos práticos para gabaritar a Competência 3 146
    - PASSO 1 – Selecione dois argumentos que tenham relação com o tema 146
    - PASSO 2 – Antecipe os dois argumentos na última linha da introdução 147
    - PASSO 3 – Organize os argumentos nos seus devidos parágrafos do desenvolvimento 148
    - PASSO 4 – Solucione cada argumento na proposta de intervenção 148
    - PASSO 5 – Interprete cada argumento usando um raciocínio 150
    - PASSO 6 – Desenvolva as ideias que sejam relevantes para a sua crítica 154
    - PASSO 7 – Evite lacunas argumentativas e falsos desenvolvimentos. 154

- Como criar bons raciocínios lógicos para o desenvolvimento 155
  1. Comparar teoria e prática 155
  2. Perceber causas 155
  3. Prever consequências 156
  4. Identificar incoerências 156
  5. Propor soluções 157
  6. Denunciar a indiferença social 157
  7. Denunciar a perpetuação 157
  8. Enfatizar a crueldade humana 158
  9. Direito x privilégio 158
  10. Denunciar a omissão do Estado 159
  11. Criticar a subversão 159
  12. Constatar a distopia 159
  13. Criticar a manipulação 160
  14. Constatar a dignidade humana fragilizada 160
  15. Denunciar o círculo vicioso 161
  16. Evidenciar um problema 161
  17. Interesse público x anseios particulares 162
  18. Denunciar postura excludente 162
  19. Denunciar política pública insuficiente 162
  20. Criticar a romantização dos problemas sociais 163
  21. Denunciar a falsa sensibilização 163
  22. Denunciar a impunidade 163
  23. Denunciar a subserviência social 163
  24. Anunciar o caos 164
  25. Denunciar a escassez extrema 164
  26. Denunciar postura inconsequente 164
  27. Denunciar a utopia 164
  28. Perceber a gradação 165
  29. Denunciar a incapacidade 165
  30. Denunciar a conivência por omissão 165
  31. Denunciar a conveniência 165

Capítulo 17
Gabaritando a Competência 4 169
- Como gabaritar a Competência 4? 169
    - 1. Use conectivos para ligar os parágrafos 172
    - 2. Use conectivos para ligar as frases dentro dos parágrafos 173
    - 3. Evite a repetição de palavras por descuido 174
- Orientações avançadas da C4 175
    - 1. Coesão referencial 176
        - 1.1. Substituição por proformas gramaticais 176
            - 1.1.1. Pronomes 176
                - a) Pronomes pessoais do caso RETO/OBLÍQUO 176
                - b) Pronomes possessivos 176
                - c) Pronomes relativos 176
                - d) Pronomes demonstrativos 177
                - e) Pronome indefinido 181
            - 1.1.2. Definitivação 181
                - a) Artigos definidos 181
                - b) Artigos indefinidos 181
            - 1.1.3. Substituição por zero 182
            - 1.1.4. Numerais 182
        - 1.2. Substituição por elementos lexicais 182
            - 1.2.1. Relação de sinonímia 182
            - 1.2.2. Relação de hiperonímia 182
            - 1.2.3. Nomes genéricos 183
            - 1.2.4. Nominalização 183
            - 1.2.5. Siglonímia 183
    - 2. Operadores argumentativos 183

Capítulo 18
Gabaritando a Competência 5 189
- Como gabaritar a Competência 5? 189
    - 1. Princípios da proposta de intervenção 191

a) Aplicabilidade 191
  b) Factibilidade 192
  c) Relevância 192
  d) Articulação 193
  e) Respeito aos Direitos Humanos 193

- Posso ser a favor da pena de morte e do aborto? 195
  Como saber se o participante está ferindo os direitos humanos na redação? 195
- 88 repertórios pertinentes para vários temas 196
- 50 citações para vários temas 218

Capítulo 19

A redação nas objetivas 221
- Texto I para as questões 1 e 2 221
- Texto II para as questões 3 e 4 222
- Texto III para a questão 5 223
- Texto IV para as questões 6 a 10 224
- Gabarito 228
- Redação Nota 1000 do Profinho (Enem 2016) 229

Apresentação
Como é a redação do Enem?

Por que eu tenho que fazer uma redação no Enem?

A redação é uma prova muito importante e obrigatória para entrar na faculdade pelo Enem. Antigamente, nos vestibulares, só existia a prova de perguntas e respostas, mas as universidades perceberam que era necessário também avaliar a nossa habilidade de escrever e se expressar.

No Brasil, isso começou a ganhar destaque nos anos 1990. Viu-se que avaliar apenas o conhecimento de português, matemática, ciências da natureza e ciências humanas não era suficiente para entender se sabemos nos comunicar bem por escrito, o que é muito importante na faculdade e no mercado de trabalho.

Então, a redação foi adicionada nos processos seletivos para a faculdade. Ela serve para avaliar se somos capazes de expressar nossas ideias, de argumentar e de apresentar um ponto de vista de forma clara e coerente.

Cada faculdade tem seu jeito de avaliar a redação. Algumas usam a prova do Enem, outras têm suas próprias provas de redação ou, até mesmo, fazem entrevistas e outras atividades para avaliar como os candidatos escrevem.

Por isso, é fundamental ter habilidades de comunicação e de argumentação, além de saber bem sobre os assuntos das provas, para se dar bem na redação e conseguir entrar na faculdade.

E é justamente nisso que o Guia do Profinho vai ajudá-lo!

Entenda o padrão da redação do Enem do ZERO!

A redação do Enem segue um padrão para que todos os participantes tenham as mesmas oportunidades. Basicamente, a estrutura se divide em três partes com objetivos bem definidos:

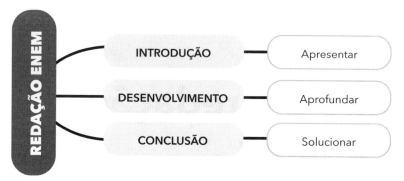

- **Introdução**: é a primeira parte da redação, na qual você apresenta o assunto sobre o qual vai escrever. É como uma apresentação rápida que reafirma o tema [*em breve vou ensiná-lo a interpretar o tema, relaxa!*].
- **Desenvolvimento**: depois da introdução, você precisa aprofundar as ideias que apresentou. Aqui, você coloca suas ideias, argumentos e exemplos para explicar sua opinião ou ponto de vista. Nos últimos anos, a Banca Corretora do Enem passou a exigir muito dos candidatos na argumentação. Por isso, faz sentido que você preste muita atenção no capítulo de argumentação deste Guia – quando chegar a hora.
- **Conclusão**: no Enem, a conclusão acumula dupla função: além de ser o parágrafo de encerramento do texto, você também deverá fazer uma proposta de intervenção, ou seja, precisará propor alguma iniciativa para resolver – ou pelo menos melhorar – os problemas apresentados ao longo da redação.

Qual é a tipologia textual obrigatória?

Esse é um ponto que gera muita confusão na mente dos alunos; então, preste bastante atenção agora. Na hora de escrever um texto, precisamos entender a diferença entre os tipos textuais e os gêneros textuais:

Apresentação • COMO É A REDAÇÃO DO ENEM?

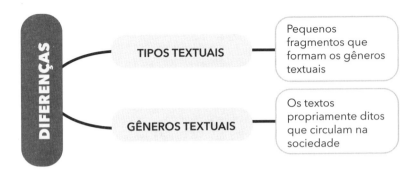

Os tipos textuais são as **pequenas frases** que você escolhe, a depender da sua intenção. Por exemplo, você pode começar um texto contando uma história ou fazendo uma alusão histórica (tipo narrativo). Já outra pessoa pode começar descrevendo uma escola que foi vítima de um ataque (tipo descritivo). Então, basicamente, estes são os tipos textuais clássicos e suas funções:

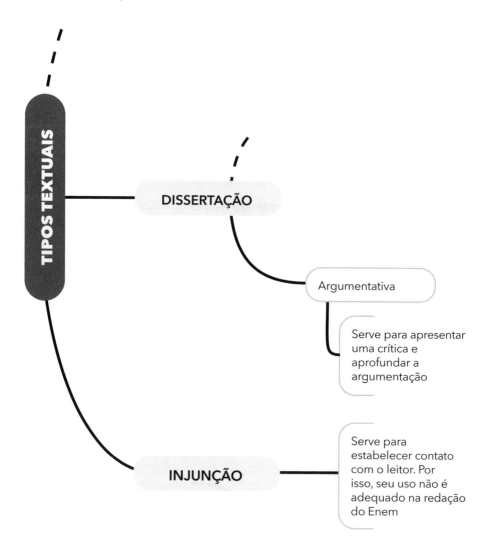

Todos os tipos textuais (com exceção da injunção) podem aparecer na redação do Enem, mas um deles deve predominar: a **dissertação--argumentativa**, porque o foco da redação é que o candidato mostre um ponto de vista sobre o tema e o defenda com unhas e dentes até o final.

O exemplo a seguir é o desenvolvimento da minha redação nota 1000 do Enem. Veja que o parágrafo teve mais de um tipo textual presente, mas a dissertação-argumentativa predomina.

DESENVOLVIMENTO NOTA 1000

> Em primeiro plano, é necessário que a sociedade não seja uma reprodução da casa colonial.

>> Esse é um fragmento dissertativo-argumentativo, porque mostra o que eu penso sobre a necessidade de atualização da sociedade.

> Como disserta Gilberto Freyre, em "Casa-Grande Senzala", a realidade do Brasil até o século XIX estava compactada no interior da casa-grande, cuja religião era católica, e as demais crenças – sobretudo africanas – eram marginalizadas e se mantiveram vivas porque os negros lhes deram aparência cristã, conhecida hoje por sincretismo religiososo.

>> Esse fragmento é descritivo. Apesar de ser uma alusão histórica, eu estou descrevendo o cenário da casa-grande e da senzala.

> No entanto, não é razoável que ainda haja uma religião que subjugue as outras, o que deve, pois, ser repudiado em um estado laico, a fim de que se combata a intolerância de crença.

>> Esse é um fragmento dissertativo-argumentativo, porque eu critico a nossa sociedade.

Entendeu? Depois de pronta, a nossa redação receberá a classificação de GÊNERO TEXTUAL REDAÇÃO ENEM, ou seja, a soma dos tipos textuais – orientados pela intenção do autor – faz nascer um gênero textual específico.

Como evitar a anulação da prova?

Infelizmente, são muito comuns os casos em que o candidato tem sua redação anulada. Para evitar isso, siga estas orientações:

1. Escreva mais de 7 linhas, do contrário seu texto será insuficiente.
2. Siga o padrão dissertativo-argumentativo explicado anteriormente.
3. Não copie os textos da prova. Você até pode retirar algum fragmento para servir de exemplo dentro do seu texto, mas não faça apenas cópias.

4. Não inclua elementos totalmente desalinhados com o tema, como uma receita de miojo – acredite, isso já aconteceu!

5. Nunca assine nem rubrique a sua redação.

6. Não faça desenhos.

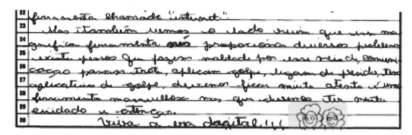

7. Escreva a redação em Língua Portuguesa – não escreva em outro idioma nem faça algo assim:

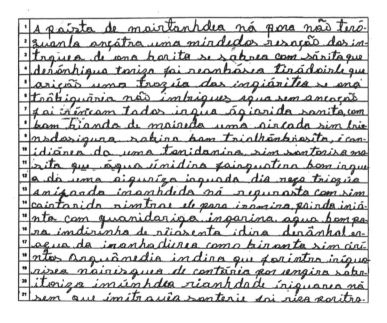

8. Busque fazer um texto legível. O Enem não desconta pontos por letra feia, mas é importante que os corretores consigam ler o que está escrito.

9. Nunca apresente um sinal gráfico totalmente desconectado e sem função dentro do texto.

Apresentação • **COMO É A REDAÇÃO DO ENEM?** 7

> É do conhecimento de todos que a luta pela garantia dos direitos civis é diária em qualquer democracia do mundo, em especial nas democracias mais novas, como é o caso do Brasil. Nesse sentido, pode-se afirmar que o nosso país tem naturalmente muitas dificuldades na afirmação de tais garantias. Precisamos de muita atenção.

Como a redação do Enem é corrigida?

Para compreender como a sua redação é avaliada, você precisa entender quem são os corretores, quais são as competências e as regras de discrepância das notas. Observe este mapa mental em que simplifiquei o método de correção utilizado:

CORREÇÃO DO ENEM

- **COMPETÊNCIAS**
  São os critérios utilizados para avaliar o texto. Falaremos deles com mais calma depois.

- **2 CORRETORES**
  2 avaliadores independentes corrigem a mesma redação. O corretor jamais corrige redações de candidatos do seu próprio estado.

- **REGRAS DE DISCREPÂNCIA**
  - A nota de cada corretor pode variar em até 80 pontos dentro da mesma competência.
  - A nota final da redação pode variar em até 100 pontos.

- **3º CORRETOR**
  Caso a discrepância seja superior ao permitido, o 3º corretor avalia o texto. A nota mais distante é descartada.

- **TEMPO**
  Cada correção leva em média 3 minutos.

Capítulo 1
Como interpretar o tema do Enem?

Como são os temas da redação do Enem?

A maior preocupação dos estudantes que farão o Enem é o tema da redação, justamente porque a Banca é imprevisível e pode cobrar desde educação para indivíduos surdos até falta de acesso ao cinema, como já aconteceu em edições anteriores.

Aqui entra o pulo do gato: você não precisa ser especialista nos temas para tirar 1000 na redação do Enem, porque eu não sou especialista em intolerância religiosa, mas, mesmo assim, consegui a nota máxima nesse tema. O que você precisa é entender o padrão por trás dos temas e, dessa forma, estará preparado para todos eles. Veja as características principais:

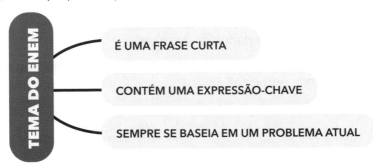

Como interpretar o tema do Enem?

Para ter sucesso na redação, você precisa colocar em prática três análises importantes:

1. Como identificar a expressão-chave do tema?

É simples, basta você se perguntar: qual é a origem do problema? Por exemplo, em 2018, o tema do Enem foi este:

> *Manipulação do comportamento do usuário pelo controle de dados na internet*

Muitos candidatos poderiam pensar que a expressão-chave seria "manipulação do comportamento do usuário", mas a real origem do problema é o "controle de dados da internet".

Caso você ainda esteja na dúvida, é só se perguntar: qual é o problema que acontece primeiro?

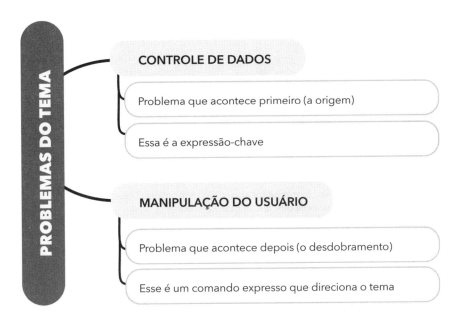

2. Como identificar os comandos expressos?

Depois que você tiver encontrado a expressão-chave, ficará mais fácil identificar os comandos expressos. Imagine que o tema da redação do Enem seja este:

Meios para prevenir os transtornos alimentares entre as adolescentes no Brasil

Então, você precisará fazer a seguinte análise:

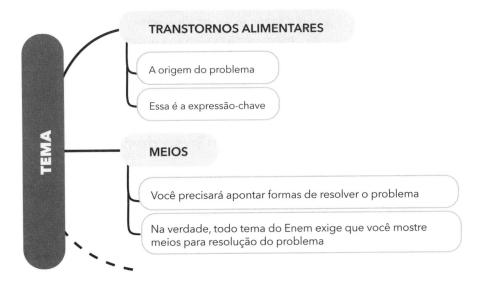

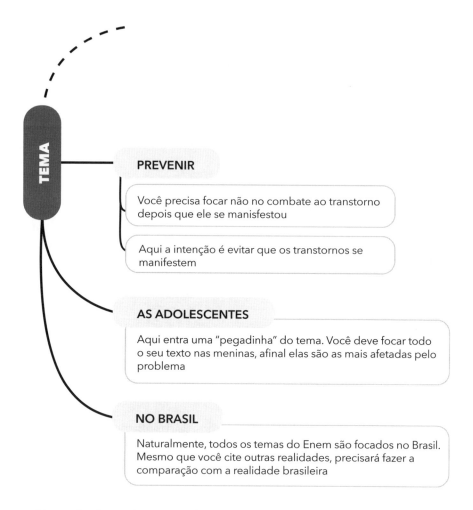

Entendeu? Você precisa fazer essa análise antes de começar a escrever, porque tudo o que começa errado termina errado. Nesse exemplo, caso a redação não se concentre nas adolescentes ou não cite a forma de prevenção, você cairá em um problema chamado perda gradual do foco temático.

O que é foco temático e como não se desviar dele?

Vamos supor que o candidato tenha sido desafiado a escrever sobre "Meios para prevenir transtornos alimentares entre as adolescentes no Brasil", mas fez mais ou menos assim:

Cap. 1 • COMO INTERPRETAR O TEMA DO ENEM?

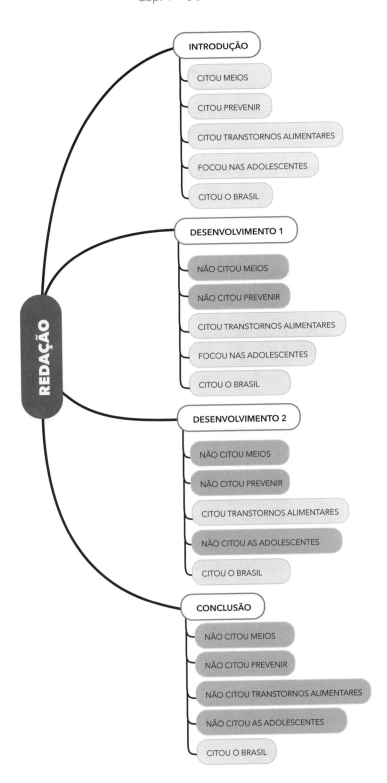

Você reparou o que aconteceu de errado? O candidato começou muito bem, focando em todas as palavras do tema, mas, ao longo dos parágrafos, foi se esquecendo de muitos pontos importantes. Por isso, ele acabou cometendo a perda gradual do foco temático.

Para evitar isso, mencione todas as palavras do tema em todos os parágrafos! Isso o ajudará a se concentrar no foco temático, beleza?

Diferenças entre tema x título x assunto

Para te preparar para o próximo capítulo, você precisa entender essa diferença.

1. Tema

É a frase principal sobre a qual a Banca quer que você escreva e que contém uma expressão-chave e comandos expressos que direcionam o candidato.

Ex.: Meios para prevenir os transtornos alimentares entre as adolescentes no Brasil.

2. Título

É uma expressão curta (de 2 ou 3 palavras) colocada na primeira linha da redação e que resume o conteúdo do texto. Embora eu tenha colocado título na minha redação nota 1000, recomento que você não faça, porque ele não é obrigatório no Enem. Muitos candidatos perdem tempo e energia na criação do título, e a Banca Corretora não liga para ele.

```
Nome completo: VINICIUS OLIVEIRA DE LIMA
Data de Nascimento:    Número Inscrição:    FOLHA DE REDAÇÃO    9287618696

1
2   Tolerância na Prática
3   A Constituição Federal de 1988 — Norma de maior hierarquia no sistema jurí-
4   dico brasileiro — assegura a todos a liberdade de crença. Entretanto, os frequentes
5   casos de intolerância religiosa mostram que os indivíduos ainda não experimentam esse
6   direito na prática. Com efeito, um diálogo entre sociedade e Estado sobre os ca-
    minhos para combater a intolerância religiosa é medida que se impõe.
```

3. Assunto

O assunto é o contexto genérico em que o tema se insere. Você não entendeu nada, eu sei, mas eu explico: o tema "Meios para prevenir os transtornos alimentares entre as adolescentes no Brasil" faz parte do assunto SAÚDE PÚBLICA. Já o tema "Manipulação do comportamento do usuário pelo controle de dados na internet" está dentro do assunto TECNOLOGIA.

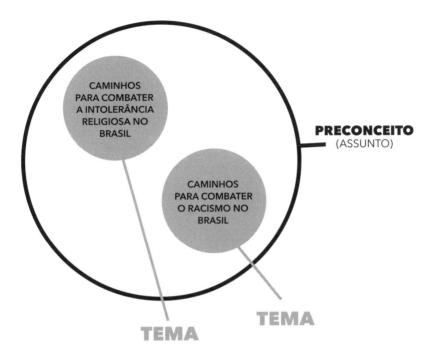

Esses assuntos também recebem o nome bonito de **eixos temáticos**. Todavia, você não deve fazer a sua redação com base no assunto. Do contrário, vai cair no erro da perda gradual do foco temático.

Capítulo 2
Como organizar as ideias no papel?

Uma redação nada mais é do que um conjunto de ideias organizadas em prosa. Texto em prosa é um tipo de texto que segue uma estrutura linear, organizada em parágrafos e sem a utilização de versos. É o formato mais comum de escrita utilizado na literatura, no jornalismo, nos ensaios, nos artigos e outros gêneros textuais. Diferentemente da poesia, que utiliza recursos como ritmo, métrica e rimas, o texto em prosa busca transmitir ideias e informações de maneira mais objetiva, utilizando a linguagem adequada – a formal, no caso da redação do Enem.

Cada parágrafo tem a sua função nessa liberação gradual das ideias:

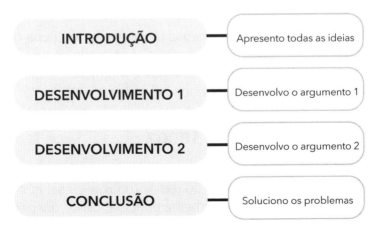

Portanto, você precisa selecionar bem as ideias e liberá-las aos poucos durante o texto. No entanto, não tem como fazer isso sem um projeto de texto estratégico que se concentre nas 3 ideias mais importantes.

Como escolher as 3 ideias mais importantes da redação?

Eu e meus alunos seguimos um macete na hora do projeto de texto: fazer o PLANEJAMENTO CDA. Vou mostrar o que cada letra significa a seguir.

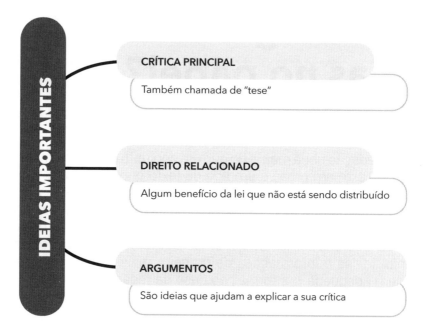

Eu sei que a nossa mente ansiosa já vai pensar no filme ou no filósofo com o qual começaremos a redação, mas ainda não é hora disso. No PLANEJAMENTO CDA, você deve seguir o mantra CRÍTICA > DIREITO > ARGUMENTO. Bora falar sobre cada um deles agora!

Como criar uma tese nota 1000?

Antes de formular a crítica principal (ou tese), você precisa ter clareza de qual é o problema central do tema. Todavia, eu sei que às vezes pode ser difícil encontrá-lo de primeira, principalmente quando o tema tem um problema oculto, isto é:

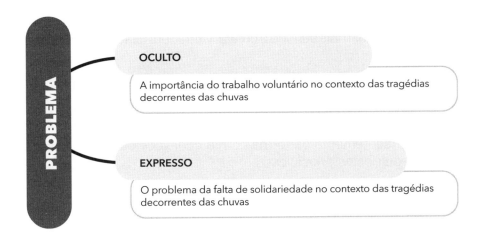

Caso você esteja diante de um tema com problema oculto, faça a si mesmo as seguintes perguntas: Beleza, mas por que a Banca quer que eu escreva sobre isso? O que há de errado com esse tema?

Você chegará à conclusão de que, nos dois casos, o problema é que muitos brasileiros não dão importância ao trabalho voluntário no contexto das tragédias decorrentes das chuvas – aliás, que tema difícil! Agora que já identificamos o problema do tema – a falta de empatia no contexto das tragédias –, vamos formular a nossa crítica. Para isso, seguiremos este macete:

Então, poderemos fazer desta forma:

Naturalmente, eu precisei incluir outros elementos além da expressão-chave para dar mais sentido à crítica. Outra formulação pode ser esta:

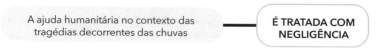

Independentemente da forma com a qual você escreve a sua tese, ela deve seguir estes princípios:

a) ser uma frase curta;

b) ser escrita com um verbo no presente – **mostra**, **é**;

c) conter pelo menos uma palavra com juízo de valor – **problema**, **negligência**;

d) ser relativamente ampla. Caso a tese seja muito específica, você terá dificuldades depois na argumentação.

TESE SEM SENTIDO	O controle de dados se mostra eficaz no Brasil
TESE COM SENTIDO	O controle de dados se mostra prejudicial ao Brasil
TESE SEM JUÍZO DE VALOR EVIDENTE	O controle de dados se mostra comum no Brasil
TESE COM JUÍZO DE VALOR EVIDENTE	O controle de dados se mostra prejudicial ao Brasil
TESE ESPECÍFICA DEMAIS	O controle de dados promove o consumismo
TESE ESPECÍFICA	O controle de dados representa obstáculo para a liberdade de escolha

Princípios fundamentais da TESE

a) Argumentatividade

As teses, logicamente, precisam expressar subjetividade, ou seja, são proposições que mostram as impressões do sujeito enunciador. Repare: a tese precisa ser subjetiva (no conteúdo) e objetiva (na forma).

Ocorre que muitos alunos criam pseudoteses que se confundem com as evidências ou com os fatos e não emitem juízo de valor explícito.

> ✘ No Brasil, é comum que a população surda não tenha acesso à educação.

b) Assertividade

A opinião é o elemento que funda a argumentação. Uma sugestão para garantir que a tese seja clara e contundente é evitar fazê-la de forma propositiva, ou seja, em forma de sugestão. Veja a seguir:

TESE PROPOSITIVA	O poder público poderia combater o controle de dados na internet
TESE ASSERTIVA	O controle de dados fragiliza as liberdades individuais

c) Relevância

Na edição de 2008, o Enem solicitou ao candidato que redigisse sobre a preservação da Floresta Amazônica. Nessa ocasião, muitas redações se basearam nas teses:

A Amazônia é muito importante

A Amazônia é o pulmão do mundo

Apesar de apresentarem juízo de valor, essas proposições não evidenciam situações-problema. A relevância da tese no Enem se baseia na capacidade de levantar problemas sociais de forma evidente.

d) Objetividade

Ao formular a tese, o candidato deve ser o mais objetivo possível. Em outras palavras, é interessante criar uma frase verbal curta, já que haverá momento oportuno para desenvolvê-la. Veja uma tese com falta de objetividade:

O poder público brasileiro, responsável pela formulação das leis, é predominantemente corrupto e assim vem sendo indiferente à formação educacional dos surdos

Como identificar o direito relacionado ao tema

Trata-se de algum benefício relacionado ao tema que não está sendo concedido. Eu sempre oriento a identificá-lo, porque ele o ajudará na hora de fazer a seleção dos argumentos.

Você pode começar com o macete do SO-CI-DI-VA-PLU:

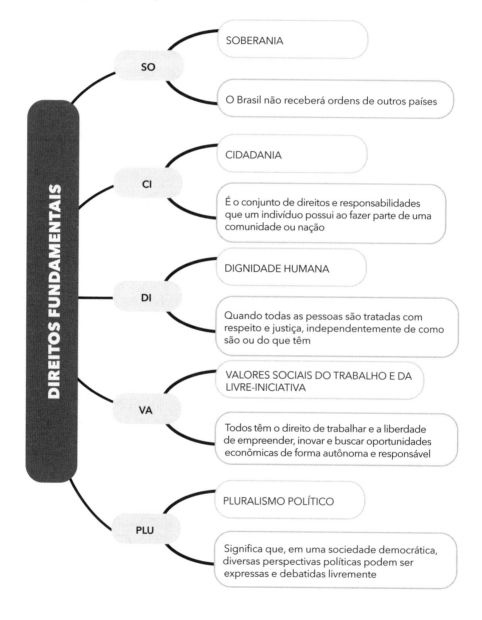

Esses são os cinco direitos presentes no artigo 1º da Constituição Federal – os direitos fundamentais da República. Eles são importantes para nos dar uma base, mas vou sugerir outros direitos que também podem ser mencionados na redação do Enem. Bora vê-los:

- Acessibilidade.
- Alimentação.
- Assistência aos desamparados.
- Bem-estar.
- Cidadania.
- Desenvolvimento nacional.
- Direitos autorais.
- Educação.
- Equilíbrio ambiental.
- Esporte.
- Igualdade.
- Lazer.
- Liberdade.
- Liberdade de expressão.
- Moradia.
- Previdência (aposentadoria).
- Proteção à infância.
- Proteção à maternidade.
- Renda.
- Saneamento básico.
- Saúde.
- Segurança.
- Trabalho.
- Transporte.
- Voto.

Cuidado!

Você precisa ser sagaz na hora de escolher o direito relacionado ao problema do tema. Veja alguns exemplos:

Meios para prevenir transtornos alimentares entre as adolescentes no Brasil

Direito relacionado = saúde [*não é alimentação!*].

Formas para combater a violência nas escolas

Direito relacionado = segurança [*não é educação!*].

Como escolher os melhores argumentos para a redação

Argumentos são razões que usamos para explicar ou convencer alguém sobre algo. É como quando você dá motivos para provar que sua opinião está certa. Sem dúvidas, a escolha dos argumentos na hora de fazer a redação é o maior desafio dos candidatos, e, justamente por isso, eu fiz um tutorial para você seguir durante o seu projeto de texto. Antes disso, vou lhe mostrar comportamentos errados no momento de selecionar os argumentos:

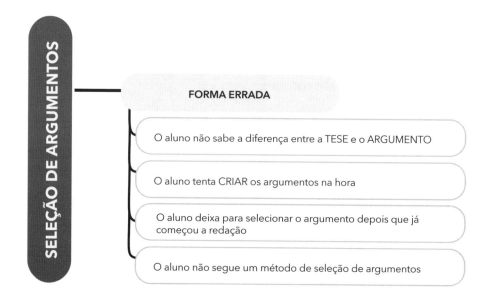

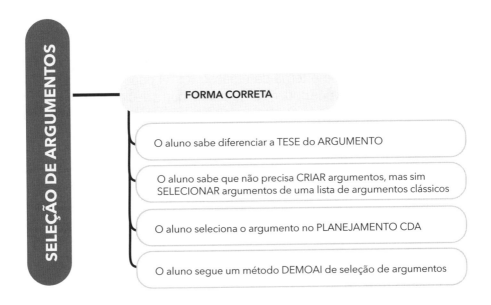

6 argumentos que servem para todos os temas do Enem

Chegou a hora de você conhecer a técnica de argumentação DEMOAI – a lista de argumentos que funcionam para qualquer tema do Enem. Falarei sobre cada letra a seguir:

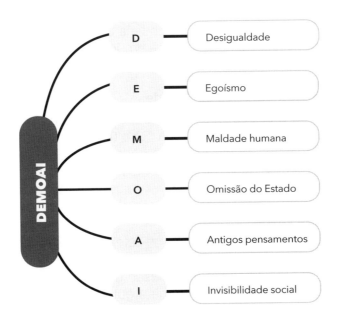

a) Desigualdade

Este argumento envolve apontar como a desigualdade, seja ela social, econômica, de gênero, racial ou outra, contribui para o problema em discussão. Por exemplo, se o tema da redação for "O papel da educação na formação do cidadão", você poderia argumentar que a desigualdade no acesso à educação de qualidade perpetua ciclos de pobreza e marginalização.

b) Egoísmo

O egoísmo se refere ao comportamento humano de agir em interesse próprio, muitas vezes em detrimento dos outros. Se o tema for "O impacto das redes sociais na sociedade contemporânea", por exemplo, você poderia argumentar que o egoísmo das empresas de tecnologia, que priorizam o lucro em vez do bem-estar dos usuários, contribui para problemas como a disseminação de *fake news* e a deterioração da saúde mental.

c) Maldade humana

Este argumento pode envolver apontar como os atos de maldade ou crueldade contribuem para o problema. Por exemplo, em uma redação sobre "A questão dos refugiados no mundo contemporâneo", você poderia argumentar que a maldade humana, como a perseguição étnica, religiosa ou política, é uma das causas principais da crise dos refugiados.

d) Omissão do Estado

Este argumento envolve criticar a falta de ação do governo ou das autoridades em relação ao problema. Se o tema for "A problemática do saneamento básico no Brasil", você poderia argumentar que a omissão do Estado em investir adequadamente em infraestrutura contribui para a persistência desse problema.

e) Antigos pensamentos da sociedade

Aqui, o foco é em como ideias ultrapassadas ou preconceitos arraigados contribuem para o problema. Se o tema for "A violência contra a mulher na sociedade brasileira", você poderia argumentar que antigos pensamentos sobre o papel da mulher na sociedade contribuem para a perpetuação da violência de gênero.

f) Invisibilidade social

Este argumento diz respeito a como determinados grupos ou problemas são ignorados ou negligenciados pela sociedade. Por exemplo, em uma redação sobre "O desafio da inclusão de pessoas com deficiência no mercado de trabalho", você poderia argumentar que a invisibilidade social dessas pessoas contribui para sua marginalização e exclusão.

> **⚠ Atenção!**
>
> Lembre-se de que esses argumentos não devem ser usados de maneira isolada, mas sim integrados em um texto coeso e bem fundamentado. Além disso, é importante que você sempre conecte o argumento ao tema da redação e ao seu ponto de vista ou tese.

Seguem alguns exemplos da técnica DEMOAI aplicada a temas no modelo Enem:

Tema: O impacto das mudanças climáticas na sociedade brasileira

A1 – Desigualdade: As mudanças climáticas tendem a afetar de maneira desproporcional as populações mais pobres e vulneráveis, ampliando as desigualdades existentes.

A2 – Omissão do Estado: Há uma falta de políticas públicas eficazes para mitigar os efeitos das mudanças climáticas e para adaptar a sociedade a essas mudanças.

Tema: A influência da tecnologia na formação da juventude

A1 – Egoísmo: Empresas de tecnologia muitas vezes priorizam o lucro em vez do bem-estar dos jovens usuários, contribuindo para problemas como o vício em redes sociais.

A2 – Invisibilidade social: Problemas como o cyberbullying e a pressão estética nas redes sociais podem ser ignorados ou minimizados pela sociedade.

Tema: O desafio da inclusão de pessoas idosas na sociedade brasileira

A1 – Antigos pensamentos da sociedade: Preconceitos e estereótipos sobre a velhice podem dificultar a inclusão de pessoas idosas.

A2 – Omissão do Estado: Faltam políticas públicas adequadas para garantir os direitos e o bem-estar das pessoas idosas.

Tema: A questão do racismo estrutural no Brasil

A1 – Desigualdade: O racismo estrutural perpetua a desigualdade racial, com pessoas negras tendo menos oportunidades e enfrentando mais dificuldades do que pessoas brancas.

A2 – Maldade humana: Atos de racismo e discriminação são formas de maldade que contribuem para a manutenção do racismo estrutural.

Tema: O problema da violência urbana no Brasil	
A1 – Omissão do Estado: A falta de investimento em segurança, educação e oportunidades econômicas contribui para a persistência da violência urbana.	A2 – Invisibilidade social: Muitas vezes, as vítimas da violência urbana são pessoas de comunidades marginalizadas que são invisíveis para a sociedade mais ampla.

Capítulo 3
Os 10 passos para uma redação perfeita!

Passo a passo para uma redação nota 1000

A estrutura ideal de uma redação do Enem tem 10 passos muito importantes. Veja como organizar cada parágrafo:

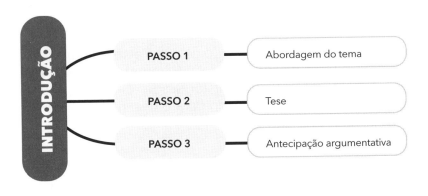

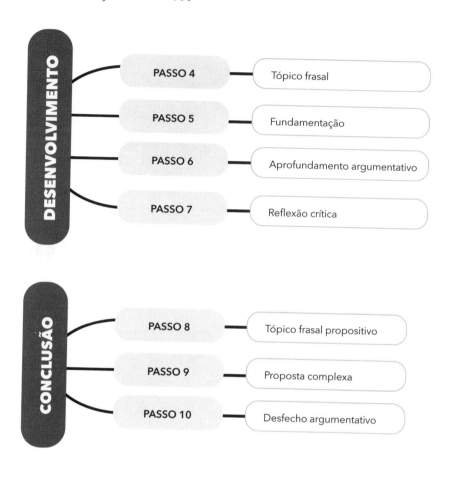

Conhecendo cada passo de uma redação excelente

PASSO 1 – Abordagem Temática

É a apresentação do tema e do assunto a ser tratado. Aqui, você contextualiza o tema de forma ampla. É importante evitar frases genéricas e buscar impressionar o leitor desde o início, com uma ideia relevante e que ainda deixe espaço para o desenvolvimento posterior do tema.

> Exemplo:
> Em 2021, a sociedade ficou marcada por um triste episódio envolvendo agressões a crianças: o assassinato de Henry Borel, que, embora seja cruel, não é raro no Brasil. (...)

PASSO 2 – Tese

É a crítica principal do aluno sobre o tema. Ela deve ser clara, concisa e diretamente relacionada ao tema da sua redação. Lembre-se de que a tese é a afirmação que você vai defender ao longo do texto.

> Exemplo:
> Nesse sentido, a violência doméstica contra meninos e meninas representa grave problema e pode motivar outros casos como o de Henry.

PASSO 3 – Antecipação Argumentativa

É o *spoiler* dos dois argumentos que serão trabalhados no desenvolvimento. A antecipação argumentativa serve como um guia do que está por vir na sua redação. Aqui, você dará uma prévia dos argumentos que serão desenvolvidos nos parágrafos subsequentes.

> Exemplo:
> Com efeito, para prevenir a hostilidade, há de se criar alternativas para valorizar a dignidade humana infantil, bem como combater o assédio moral dentro dos lares.

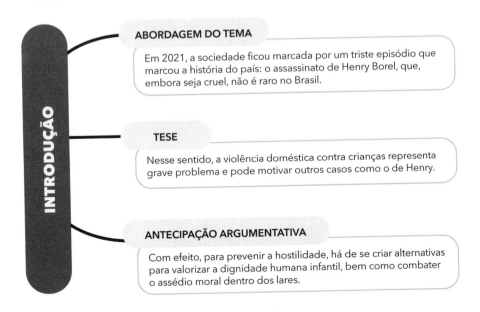

PASSO 4 – Tópico Frasal

É a apresentação do argumento na primeira linha do desenvolvimento. O tópico frasal inicia cada parágrafo de desenvolvimento e apresenta o argumento que será defendido nele. Deve ser claro e direto, preparando o leitor para o conteúdo que será discutido.

> **Exemplo:**
> Diante desse cenário, a violência doméstica contra as crianças fragiliza a sua integridade.

PASSO 5 – Fundamentação

É o momento de mostrar repertório dentro do tema. Você deverá apresentar evidências, fatos, dados, exemplos, citações ou qualquer outro tipo de informação que apoie seu argumento. A fundamentação deve ser relevante e persuasiva.

> **Exemplo:**
> A esse respeito, no contexto do Iluminismo, a Declaração dos Direitos do Homem e do Cidadão foi um dos primeiros tratados internacionais a considerar meninos e meninas como hipossuficientes – indivíduos que dependem de proteção dos pais e do Estado.

PASSO 6 – Aprofundamento Argumentativo

É o momento de fazer muita crítica e desenvolver raciocínios. Nessa etapa, você deve desenvolver o argumento apresentado no tópico frasal, explorando suas implicações e significados mais profundos. Este é o momento de mostrar suas habilidades de análise e raciocínio crítico.

> **Exemplo:**
> Ocorre que o Poder Público e a família se mostram incapazes de proteger a infância, tal como estabeleciam os iluministas no século XVIII. Essa negligência se manifesta na persistência do abandono parental, do assédio sexual e das faces cruéis da violência contra as crianças.

PASSO 7 – Reflexão Crítica

É uma frase argumentativa que fecha o parágrafo. A reflexão crítica faz uma análise do que foi discutido e reforça a relevância do argumento.

> Exemplo:
> Assim, não é razoável que, em vez de ser um ambiente seguro, os lares simbolizem lugares hostis e traumáticos.

DESENVOLVIMENTO

TÓPICO FRASAL
Diante desse cenário, a violência doméstica contra as crianças fragiliza a sua integridade.

FUNDAMENTAÇÃO
A esse respeito, no contexto do Iluminismo, a Declaração dos Direitos do Homem e do Cidadão foi um dos primeiros tratados internacionais a considerar meninos e meninas como hipossuficientes – indivíduos que dependem de proteção dos pais e do Estado.

APROFUNDAMENTO ARGUMENTATIVO
Ocorre que o Poder Público e a família se mostram incapazes de proteger a infância, tal como estabeleciam os iluministas no século XVIII. Essa negligência se manifesta na persistência do abandono parental, do assédio sexual e das faces cruéis da violência contra as crianças.

REFLEXÃO CRÍTICA
Assim, não é razoável que, em vez de ser um ambiente seguro, os lares simbolizem lugares hostis e traumáticos.

PASSO 8 – Tópico Frasal Propositivo

Este é o início da conclusão, quando você deve reafirmar a importância do seu argumento e antecipar as propostas de solução que serão apresentadas.

> Exemplo:
> É urgente, portanto, que medidas sejam tomadas a fim de evitar a violência doméstica contra crianças.

PASSO 9 – Proposta Completa

É a proposta de intervenção com seus 5 elementos. Aqui, você deve apresentar soluções práticas e eficazes para o problema discutido. Lembre-se de que a proposta de intervenção deve ser detalhada, contendo os cinco elementos: agente, ação, meio/modo, finalidade e detalhamento.

> Exemplo:
> Desse modo, as escolas — responsáveis pela transformação social — devem contribuir para a garantia da dignidade humana na infância, por meio de projetos pedagógicos, como palestras e ações abertas à comunidade, capazes de proteger a infância. Essa iniciativa teria a finalidade de repudiar os casos cruéis de agressão doméstica, a exemplo do abandono parental e do assédio sexual.

PASSO 10 – Desfecho Argumentativo

Finalmente, este é o momento de fechar sua redação com uma frase poderosa que reforce seu argumento e deixe uma impressão conclusiva no leitor. Pode ser uma frase otimista, relevante e relacionada ao tema da redação.

> Exemplo:
> Assim, será possível garantir que episódios tristes como o da morte do menino Henry deixem de ser, em breve, realidade no Brasil.

CONCLUSÃO

TÓPICO FRASAL PROPOSITIVO

É urgente, portanto, que medidas sejam tomadas a fim de evitar a violência doméstica contra crianças.

PROPOSTA COMPLETA

Desse modo, as escolas – responsáveis pela transformação social – devem contribuir para a garantia da dignidade humana na infância, por meio de projetos pedagógicos, como palestras e ações abertas à comunidade, capazes de proteger a infância. Essa iniciativa teria a finalidade de repudiar os casos cruéis de agressão doméstica, a exemplo do abandono parental e do assédio sexual.

DESFECHO ARGUMENTATIVO

Assim, será possível garantir que episódios tristes como o da morte do menino Henry deixem de ser, em breve, realidade no Brasil.

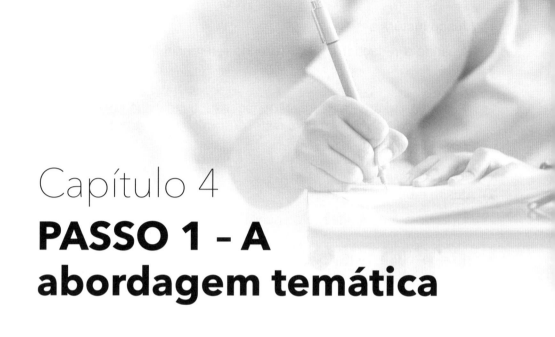

Capítulo 4
PASSO 1 - A abordagem temática

Os 7 tipos de abordagem do tema

1) Alusão histórica

Quando a redação começa fazendo referência a um fato passado relevante.

> Exemplo: Durante a Revolução Francesa, o indivíduo passou a ser tratado sob a ótica iluminista, que valorizava, sobretudo, a dignidade humana.

2) Alusão bibliográfica

Quando a redação faz referência a um livro conhecido.

> Exemplo: Em 1936, foi escrita a obra "Raízes do Brasil", que denuncia a incapacidade do brasileiro em pensar no coletivo (...).

3) Alusão ficcional

Quando a redação começa fazendo referência a uma obra ficcional (livro, filme, série etc.).

> Exemplo: A produção ficcional "Atypical" narra a história de Sam: um rapaz autista que enfrenta preconceitos onde vive. (...)

4) Alusão legislativa

Quando a redação faz referência a leis.

> Exemplo: A Constituição Federal assegura, em seu artigo 1º, o direito à cidadania como fundamento da República Federativa do Brasil (...).

5) Testemunho autorizado

Quando a redação faz referência a alguém que seja autoridade no assunto.

> Exemplo: Norberto Bobbio – expoente filósofo italiano – entendia que o Estado seria detentor da responsabilidade social (...).

6) Definição informativa

Quando a redação começa definindo um fenômeno ou conceito relevante.

> Exemplo: O etnocentrismo é uma forma de exclusão em que a maioria social entende e dissipa seu modo de vida como o "correto".

7) Abordagem por dados estatísticos

Quando a redação começa com referência a alguma pesquisa relacionada ao tema.

> Exemplo: Em 2016, a folha de São Paulo divulgou uma pesquisa que revelou um dado alarmante: o maior índice de violência religiosa afeta as matrizes africanas. (...)

Como impressionar o corretor nas primeiras linhas da introdução

Não existe uma segunda chance de causar uma primeira boa impressão. Por isso, já na introdução, utilize a técnica da **antecipação com dois-pontos** [não confunda com a antecipação argumentativa]. Antecipação é a técnica de "fazer suspense" dentro da redação e liberar a informação depois dos dois-pontos (:).

Os dois-pontos servem para valorizar uma palavra ou expressão que merece destaque na frase. Veja como usá-los:

1. Escolha uma expressão que mereça ser valorizada na frase

A sociedade brasileira precisa combater **o controle de dados**, que é um dos maiores problemas na internet.

2. Faça o deslocamento da expressão para o final da frase, usando dois-pontos (:)

A sociedade brasileira precisa combater um dos maiores problemas da internet: **o controle de dados**.

Essa expressão mais importante se chama TÓPICO SENTENCIAL. No geral, o tópico sentencial desempenha um papel importante na organização e estruturação de um texto, permitindo que os leitores identifiquem rapidamente o tema central e acompanhem a progressão lógica do conteúdo apresentado.

3. Abordagens curinga para vários temas

Separei a seguir 3 abordagens temáticas que se encaixam em vários temas.

Abordagem 1

Em 1976, o mundo conheceu uma das obras mais relevantes para a história recente: o "Dicionário de política", em que Norberto Bobbio afirma ser do Estado a garantia [*do direito relacionado*] a todos. (...)

Abordagem 2

Em outubro de 1988, a sociedade conheceu um dos documentos mais importantes da história do Brasil: a Constituição Cidadã, cujo conteúdo assegura [*direito relacionado*] a todos. (...)

Abordagem 3

A Declaração Universal dos Direitos Humanos – promulgada em 1948 pela ONU – assegura a todos os indivíduos [*o direito relacionado*].

Capítulo 5
PASSO 2 - A tese

O que é tese?

A tese, em uma redação, é a ideia principal que você quer transmitir aos corretores. É como a sua opinião sobre o assunto que você está escrevendo. No caso do Enem, trata-se da identificação do problema central contido no tema.

> Exemplos de tese:
> 1. TEMA – Caminhos para combater a intolerância religiosa no Brasil.
> TESE – A intolerância religiosa representa grave problema.
> 2. TEMA – Meios para combater o descarte inadequado de lixo eletrônico.
> TESE – O lixo eletrônico é tratado com negligência.

 Cuidados importantes!

> Você precisa entender que, na redação do Enem, existem TIPOS DE IDEIAS DIFERENTES ENTRE SI. Muitos candidatos confundem a TESE com temas, fatos, argumentos e propostas. Portanto, não dê esse mole!

Diferenças entre TEMA x TESE

TEMA: O tema é o assunto geral ou o tópico principal de um texto. É uma ideia ampla que serve como ponto de partida para a elaboração de um trabalho. Por exemplo, o tema de um texto pode ser "Impacto das redes sociais na sociedade".	TESE: A tese é uma declaração específica e assertiva que representa a posição ou o argumento central do autor sobre o tema. É uma afirmação que resume o ponto de vista ou a opinião principal que será defendida no texto. Por exemplo, a tese, nesse caso, poderia ser "As redes sociais são tratadas com negligência no Brasil".

Diferenças entre FATO x TESE

FATO: Um fato é uma informação objetiva e verificável, algo que é considerado verdadeiro e comprovado. É algo indiscutível e, por isso, não necessita ser comprovado. Por exemplo, "70% do corpo humano é composto por água" é um fato.	TESE: A tese, como mencionado anteriormente, é a afirmação principal que o autor defende em um texto. É uma posição ou argumento subjetivo, não necessariamente baseado em fatos comprovados. A tese é mais uma opinião ou interpretação sobre determinado assunto. Portanto, se você escreve que "a água representa um privilégio das elites econômicas", há uma tese clara.

Diferenças entre ARGUMENTO x TESE

ARGUMENTO: Um argumento é uma explicação para a TESE. Portanto, para se criar o argumento, basta completar a seguinte lógica:	TESE, porque ARGUMENTOS.

Por exemplo, se você defende que a água representa um privilégio das elites econômicas, poderá explicar essa tese com o seguinte argumento: porque a desigualdade social impede que pessoas mais carentes tenham acesso a esse recurso natural.

Portanto, DESIGUALDADE SOCIAL será um argumento relacionado à tese. Entendeu?

Como mencionado anteriormente, a tese é a afirmação principal que o autor defende em um texto.

Diferenças entre PROPOSTA x TESE

PROPOSTA: A proposta de intervenção sugere uma mudança na sociedade para a resolução ou melhoria do problema. Por exemplo, uma proposta para a distribuição da água seria: O Estado deve distribuir a água potável de forma igualitária no Brasil.	TESE: A tese, por sua vez, não tem intenção de propor nada – apenas criticar. Por exemplo, ficaria assim: A água portável é distribuída de forma injusta pelo Estado.

Você reparou que eu não estou pedindo que nada seja feito? Estou apenas criticando a distribuição injusta da água.

Bora resumir tudo aqui neste mapa mental:

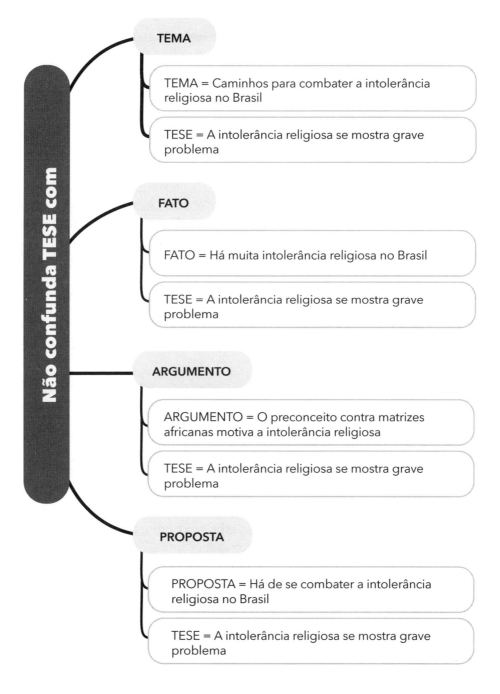

De certa forma, já antecipei, lá no PLANEJAMENTO CDA, como funciona a formulação da TESE:

Então, a frase "O lixo eletrônico [expressão chave] é tratado com negligência" já é considerada uma ótima tese. No entanto, no momento em que a tese sai do seu planejamento CDA e passa a integrar o texto, são feitas outras exigências:

Regras fundamentais da TESE na redação do Enem

1. Deve ser curta, escrita em um período separado, começando, de preferência, com um conectivo (de adversidade ou de continuidade).
2. Deve ser uma frase verbal, e o verbo deve estar no presente.

Eu li um livro muito incrível, dos autores gringos Gerald Graff e Cathy Birkenstein[1], no qual ensinam a aprimorar a argumentação. Eles enfatizam a importância do uso de verbos no presente para tornar as afirmações mais assertivas e persuasivas.

Portanto, a frase "A água potável foi utilizada como recurso natural das elites econômicas" não poderá ser considerada uma tese, porque ela reflete sobre o PASSADO – afinal, o verbo está no passado.

---

[1] "They Say/I Say: The Moves That Matter in Academic Writing". Editora W. W. Norton & Company, 2014.

Para que uma frase seja realmente forte e crítica, ela deve refletir sobre a nossa sociedade atual – ou seja, deve usar verbos que expressem o presente. A partir de agora, você deve seguir essa lógica no uso dos verbos:

3. Deve conter pelo menos uma palavra com juízo de valor.

Palavras com juízo de valor são termos ou expressões que têm uma conotação positiva ou negativa, expressando uma opinião pessoal sobre algo ou alguém. Essas palavras carregam um valor subjetivo, refletindo a visão e o julgamento do falante ou escritor.

 Profinho, me disseram que eu não posso "ser subjetivo" na redação do Enem.

Na redação do Enem, nós devemos ser subjetivos no conteúdo e objetivos na forma, ou seja, o que nós comunicamos nos parágrafos deve ser capaz de mostrar a nossa opinião – justamente porque estamos desenvolvendo um texto dissertativo-argumentativo. No entanto, devemos ser objetivos na forma, para isso, podemos usar verbos na 3ª pessoa. Não entendeu nada? Vou dar exemplos:

– A frase "Eu acredito que a água é distribuída de forma injusta para nós, brasileiros" é uma tese, porque, nitidamente, ela defende uma opinião e faz uma crítica. Portanto, podemos dizer que o conteúdo dela é subjetivo, ou seja, mostra traços da opinião do "sujeito" que a escreveu.

Agora, por que ela não é adequada para integrar a redação do Enem? Porque ela foi escrita com PRONOMES E VERBOS SUBJETIVOS – em 1ª pessoa ("eu acredito" e "nós").

Devemos, portanto, preservar a opinião da tese, mas trocar a FORMA como ela foi redigida por verbos na 3ª pessoa: A água é distribuída de forma injusta para a população brasileira.

Percebeu? Tiramos o EU, o ACREDITO e o NÓS, mas mantivemos a opinião original da tese.

As 110 palavras com juízo de valor para usar na tese

Para deixar a opinião mais forte, usaremos palavras com juízo de valor na tese. Segue a lista:

1. Adverso	21. Desvaloriza	41. Heroico
2. Arcaico	22. Distante	42. Histórico
3. Assola	23. Distópico	43. Ignorado
4. Advento	24. Eficiente	44. Impõe
5. Banalizado	25. Empecilho	45. Impossibilita
6. Carece	26. Enfraquecido	46. Impróprio
7. Carente	27. Equivocado	47. Imprudente
8. Corrompe	28. Escasso	48. Inacessível
9. Criticado	29. Escuso	49. Inadequado
10. Cruel	30. Esquecido	50. Inapto
11. Cultural	31. Esvaziado	51. Incapaz
12. Danoso	32. Exagerado	52. Incerteza
13. Degradante	33. Exemplar	53. Incoerente
14. Denunciado	34. Falho	54. Inconsequente
15. Desconstruir	35. Falta	55. Incrível
16. Desenfreado	36. Fere	56. Indevido
17. Desestimula	37. Fragiliza	57. Indiferente
18. Desigual	38. Genial	58. Ineficiente
19. Desprotegido	39. Grandioso	59. Inércia
20. Desumano	40. Grave	60. Infortúnio

Cap. 5 • PASSO 2 – A TESE   47

61. Insatisfatório
62. Intensifica
63. Inviabiliza
64. Irreparável
65. Limitado
66. Louvável
67. Marginalizado
68. Mazela
69. Moderno
70. Negativo
71. Negligente
72. Nocivo
73. Obriga
74. Obstáculo
75. Omissão
76. Opressão
77. Orientar

78. Perdido
79. Pleno
80. Poderoso
81. Precária
82. Precoce
83. Preconceito
84. Prejudica
85. Preocupante
86. Problema
87. Promover
88. Razoável
89. Real
90. Reascender
91. Repudiar
92. Retrocesso
93. Retrógrado
94. Sério

95. Silenciado
96. Subjugar
97. Subserviente
98. Subverte
99. Utópico
100. Vulnerável
101. Abismo
102. Absoluto
103. Consolidado
104. Contumaz
105. Destrutivo
106. Insalubre
107. Instável
108. Irresignado
109. Relativo
110. Visceral

 Atenção!

Quando usamos palavras com juízo de valor, estamos expressando nossos sentimentos, emoções e atitudes em relação a algo. Essas palavras podem ser usadas para elogiar, criticar, valorizar ou depreciar algo ou alguém. A intenção é transmitir um ponto de vista subjetivo e persuadir os outros a compartilharem essa opinião. No entanto, devemos manter um equilíbrio e ter cuidado para não utilizar palavras de valor com subjetividade excessiva, como estas:

> **Palavras proibidas na tese:**
>
> | | | |
> |---|---|---|
> | Infeliz | Fantástico | Maravilhoso |
> | Bizarro | Espetacular | Deslumbrante |
> | Ridículo | Deprimente | Atordoante |
> | Horrível | Assustador | |

4. Deve ter nítida relação com o repertório mencionado na abordagem do tema.

> Exemplo:
> [ABORDAGEM] Em outubro de 1988, a sociedade conheceu um dos documentos mais importantes da história do Brasil: a Constituição Cidadã, cujo conteúdo garante os direitos à educação e à inclusão a todos. [TESE] **Todavia, os indivíduos com autismo são frequentemente excluídos dessas garantias básicas <u>previstas pela lei</u>.** (...)

Você reparou que a tese mencionou a lei citada na abordagem (a Constituição Cidadã)? Esse recurso deixa a TESE PRODUTIVA e é obrigatório dentro da redação do Enem. Sem ele, jamais conseguiremos gabaritar a Competência 2, como vou explicar no capítulo das Competências.

Lista de palavras para tornar a tese produtiva

Segue agora uma lista com 16 palavras que ajudam a fazer as retomadas:

PALAVRAS QUE AJUDAM A FAZER RETOMADAS	
Denunciado	Proposto
Repudiado	Orientado
Conquistado	Experimentado
Combatido	Segundo
Verificado	Projeto de
Previsto	Descrito
Definido	Tal como
Expresso	Detalhado

REGRAS DA TESE

DEVE SER CURTA
Escrita em um período separado, começando, de preferência, com um conectivo (de adversidade ou de continuidade)

DEVE SER UMA FRASE VERBAL
Escrita com verbos no presente

DEVE SER SUBJETIVA NO CONTEÚDO
Deve conter pelo menos uma palavra com juízo de valor. No entanto, deve ser objetiva na forma (verbos em 3ª pessoa)

DEVE SER PRODUTIVA
Deve ter nítida relação com o repertório com retomada da abordagem do tema

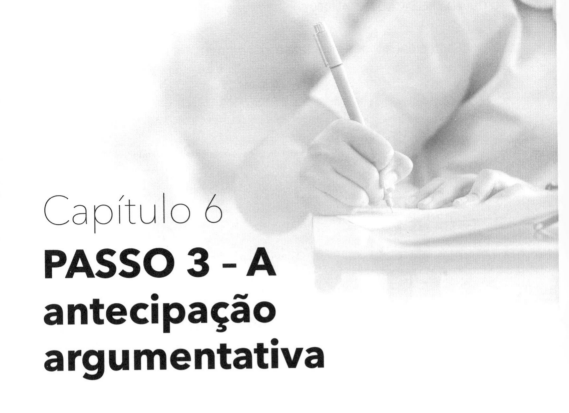

Capítulo 6
PASSO 3 – A antecipação argumentativa

Por que a antecipação argumentativa é importante?

A antecipação argumentativa é um momento fundamental da introdução para revelar aos corretores quais serão os argumentos desenvolvidos nos próximos parágrafos. Com isso, o candidato mostra organização da redação e deixa claro que sabe fazer a liberação gradual de suas ideias. Sem a antecipação argumentativa, os corretores não dão nota máxima na Competência 3, como veremos nos capítulos sobre as competências.

TEMA – A importância do respeito às leis pela sociedade brasileira

Em 1748, o filósofo Montesquieu desenvolveu a obra "O espírito das leis", segundo a qual as sociedades devem obedecer às normas instituídas sob pena de haver desequilíbrio social. Entretanto, uma parcela dos indivíduos contemporâneos é incapaz de aplicar a ideia de Montesquieu, na medida em que não considera a importância das leis. Com efeito, há de se analisar não só a falta de ética socialmente enraizada, mas também o desrespeito às normas legais.

A antecipação argumentativa da introdução anterior segue esta lógica:

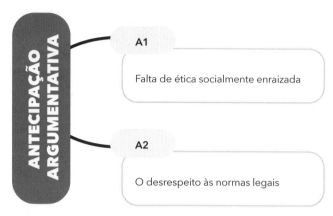

As 7 estruturas de antecipação curinga

Imagine que o tema da redação seja "O problema da violência urbana no Brasil" e que o candidato tenha aplicado a técnica DEMOAI. Na sequência, ele escolheu a maldade humana e a invisibilidade social como argumentos que explicam o problema da violência urbana.

- **A1** = maldade humana, afinal, a violência urbana – assaltos, sequestros, homicídios – é uma das manifestações concretas da maldade humana.
- **A2** = invisibilidade social, pois os locais da cidade com maiores índices de violência são esquecidos pela sociedade.

Com base nisso, veja como ficam as 7 antecipações argumentativas curinga. A partir desses exemplos, você pode formular as suas.

1. Com efeito, para que [o *problema*] seja desconstruído, há de se combater [*A1*] e [*A2*].

   Com efeito, para que a violência urbana seja desconstruída, há de se combater a maldade humana e a invisibilidade social.

2. Nesse sentido, medidas devem ser tomadas para combater [*A1*] e [*A2*].

   Nesse sentido, medidas devem ser tomadas para combater a maldade humana e a invisibilidade social.

3. Desse modo, a construção de uma sociedade que combate [o *problema do tema*] pressupõe cuidadosa análise acerca [*de A1*] e [*de A2*].

> *Desse modo, a construção de uma sociedade que combate a violência nas cidades pressupõe cuidadosa análise acerca da maldade humana e da invisibilidade social.*

4. Nesse sentido, [A1] e [A2] devem ser desconstruídos, sob pena de prejuízos à sociedade.
   > *Nesse sentido, a maldade humana e a invisibilidade social devem ser desconstruídas, sob pena de prejuízos à sociedade.*

5. Com efeito, para que [o problema] seja desconstruído, há de se combater [A1] e [A2].
   > *Com efeito, para que a violência urbana seja desconstruída, há de se combater a maldade humana e a invisibilidade social.*

6. Nesse sentido, medidas devem ser tomadas para combater não só [A1], mas também [A2].
   > *Nesse sentido, medidas devem ser tomadas para combater não só a maldade humana, mas também a invisibilidade social.*

7. Dessa forma, a construção de uma sociedade que combate [o problema] pressupõe cuidadosa análise acerca [de A1] e [de A2].
   > *Dessa forma, a construção de uma sociedade que combate a violência nas ruas pressupõe cuidadosa análise acerca da maldade humana e da invisibilidade social.*

Três introduções que servem para vários temas (alinhadas à banca Cebraspe)

A seguir, veja três introduções que servem para vários temas. Estes mapas mentais fazem parte do meu curso de redação on-line: FÓRMULA DOS 3 MODELOS.

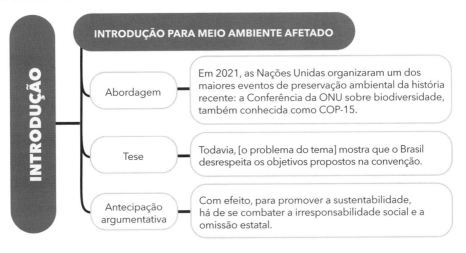

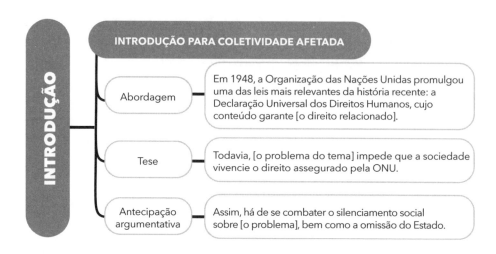

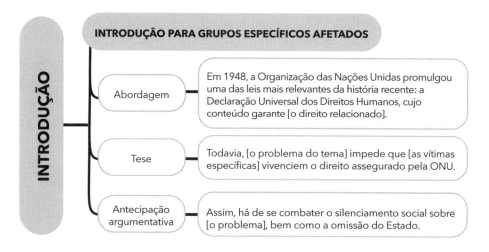

Capítulo 7
PASSO 4 – O tópico frasal argumentativo

O que é tópico frasal e por que é importante?

O tópico frasal é a frase que apresenta o argumento que será desenvolvido no parágrafo. Esse elemento é importante para mostrar aos avaliadores que você fez um projeto de texto antes de começar a redação.

> **Exemplo**
> ***Diante desse cenário, a cultura de transgressão às leis mostra o comportamento antiético do brasileiro.*** *Nesse viés, o sociólogo Sérgio Buarque de Holanda criou o conceito de Cordialidade e, a partir desse termo, explicou que muitos brasileiros buscam burlar as normas para benefício próprio. Ocorre que, em todas as classes sociais, substancial parcela dos indivíduos pratica a "cordialidade" definida pelo sociólogo, por meio de atitudes antiéticas, que fragilizam a eficácia das normas e se mostram obstáculo à ordem social. Todavia, enquanto a cordialidade for a regra, a obediência às leis será a exceção.*

Orientações específicas do tópico frasal

- Deve ser uma frase verbal completa, com sujeito, verbo e objeto.
- Deve relacionar o argumento defendido ao problema do tema.

> **❗ Atenção!**
>
> Muitos candidatos falham neste ponto. O tópico frasal precisa relacionar as ideias centrais do desenvolvimento, inclusive esse é um dos requisitos para tirar 200 na Competência 3: relacionar ideias na defesa de um ponto de vista.

Portanto, se o tema da redação é: "O problema da violência doméstica contra crianças no Brasil".

E o argumento é: A1 = Maldade humana.

Logo, o tópico frasal será:

Diante desse cenário, a maldade humana *[A1]* motiva a perpetuação da violência doméstica contra crianças *[PROBLEMA DO TEMA]*.

- Precisa haver juízo de valor no tópico frasal.

Dezoito verbos argumentativos para usar no tópico frasal

A seguir, listarei algumas estruturas de tópicos que fiz no ano passado, o que não impede que você utilize outras formas.

I. **x inviabiliza y**
II. **x representa obstáculo para y**
III. **x fragiliza y**
IV. **x dá lugar a y**
V. **persiste x**
VI. **x vai de encontro a y**
VII. **x pode colocar em risco y**
VIII. **x afeta y**
IX. **x é nocivo a y**
X. **é urgente que se desconstrua x**
XI. **x evidencia y**

XII. **x motiva y**
XIII. **x se mostra incapaz de y**
XIV. **x se mostra ineficaz**
XV. **x torna ineficaz y**
XVI. **x impede y**
XVII. **há de se desconstruir x**
XVIII. **x favorece y**

Três características de um tópico frasal excelente

1. Objetividade

O tópico frasal deve ser escrito em 3ª pessoa e ser de curta extensão, porque haverá um momento para fundamentá-lo depois. Caso ele seja extenso, o parágrafo tende a ficar confuso. É preciso organizar a leitura do avaliador e, sobretudo, mostrar a ele que você conhece a microestrutura textual. Por isso, não é interessante nutrir o tópico frasal com áreas do conhecimento.

2. Argumentatividade

O tópico frasal deve ser argumentativo para que os avaliadores não julguem seu parágrafo como expositivo. Depois do tópico frasal, você ficará um pouco mais à vontade para expor seus repertórios.

3. Relevância

O tópico frasal do gênero textual redação Enem precisa levantar problemas sociais. Em outras palavras, ele deve ser relevante para a discussão travada no texto. Do contrário, você terá dificuldades para fundamentar e para fazer propostas de intervenção.

Veja 21 tópicos frasais curinga para vários temas

TÓPICOS FRASAIS CURINGA

DESIGUALDADE

- Diante desse cenário / Ademais, [o problema do tema] motiva a desigualdade social.
- Diante desse cenário / Ademais, a desigualdade social motiva [o problema do tema].
- Diante desse cenário / Ademais, [o problema do tema] contribuiu para a ampliação dos abismos sociais no Brasil.
- Diante desse cenário / Ademais, a extrema escassez de recursos promove a perpetuação [do problema do tema].

TÓPICOS FRASAIS CURINGA

EGOÍSMO

- Diante desse cenário / Ademais, [o problema do tema] é potencializado pela postura egoísta de substancial parcela dos brasileiros.
- Diante desse cenário / Ademais, [o problema do tema] evidencia postura egoísta.
- Diante desse cenário / Ademais, o comportamento egoísta [do vilão] motiva [o problema do tema].

MALDADE HUMANA

- Diante desse cenário / Ademais, [o problema do tema] evidencia [mostra] a maldade humana.
- Diante desse cenário / Ademais, a crueldade enraizada no imaginário do brasileiro causa a perpetuação [do problema do tema].
- Diante desse cenário / Ademais, [o problema do tema] é consequência da maldade humana enraizada nos brasileiros.
- Diante desse cenário / Ademais, [as vítimas do problema do tema] têm sua dignidade fragilizada pela maldade humana.

OMISSÃO DO ESTADO

- Diante desse cenário / Ademais, [o problema do tema] evidencia [mostra] a falência das instituições públicas no Brasil.
- Diante desse cenário / Ademais, a inércia do Estado motiva [o problema do tema].
- Diante desse cenário / Ademais, a omissão estatal, indiretamente, fortalece [o problema do tema].
- Diante desse cenário / Ademais, [o problema do tema] não recebe a devida importância por parte do Estado.

ANTIGOS PENSAMENTOS

- Diante desse cenário / Ademais, [o problema do tema] se mostra um assunto silenciado [tabu] no Brasil.
- Diante desse cenário / Ademais, [o problema do tema] evidencia [mostra] postura retrógrada da sociedade brasileira.
- Diante desse cenário / Ademais, não é razoável que [o problema do tema] ainda seja realidade no imaginário do brasileiro.

TÓPICOS FRASAIS CURINGA

INVISIBILIDADE

Diante desse cenário / Ademais, [o problema do tema] evidencia que [as vítimas] são invisibilizadas no Brasil.

Diante desse cenário / Ademais, [as vítimas do problema do tema], embora sejam sujeitos de direitos, não recebem visibilidade social no Brasil.

Diante desse cenário / Ademais, [o problema do tema] é motivado pela invisibilidade associada [as vítimas].

Capítulo 8
PASSO 5 - A fundamentação

O que é fundamentação e por que ela é importante?

A fundamentação é o momento em que o candidato começa efetivamente a desenvolver o argumento – já que o tópico frasal apenas o apresenta. No Enem, faz sentido que a fundamentação seja um repertório relacionado ao eixo temático [*lembre-se de que eixo temático é um nome bonito para assunto do tema*]. Veja um exemplo:

> **FUNDAMENTAÇÃO**
> *Ademais, persiste a cultura de desobediência às determinações legais.* **Nesse viés, Hans Kelsen – filósofo do século XX – desenvolveu a ideia de que há hierarquia entre as leis, e a vontade do povo deve ser submissa às normas de um Estado Democrático de Direito.** *No entanto, a sociedade contemporânea subverte a proposta de Kelsen: os cidadãos colocam suas vontades acima das normas legais instituídas pelo Estado, o que fortalece a cultura de transgressão às leis e motiva a existência de um falso Estado de Direito. Assim, não é razoável que a hierarquia estabelecida por Hans Kelsen seja tratada com indiferença em uma nação que almeja tornar-se desenvolvida.*

Regras da fundamentação no Enem

1. Pode ser um fragmento descritivo, narrativo ou dissertativo-expositivo.
2. Deve ser curto, mas suficientemente claro e relevante.
3. Deve mostrar conhecimento.

Tipos de desenvolvimento da fundamentação

Agora, vamos explorar alguns tipos de fundamentação – outros professores chamam de tipos de "desenvolvimento", mas entendo que desenvolvimento é o nome genérico do parágrafo. Então, faz mais sentido chamarmos de tipos de fundamentação. Observe:

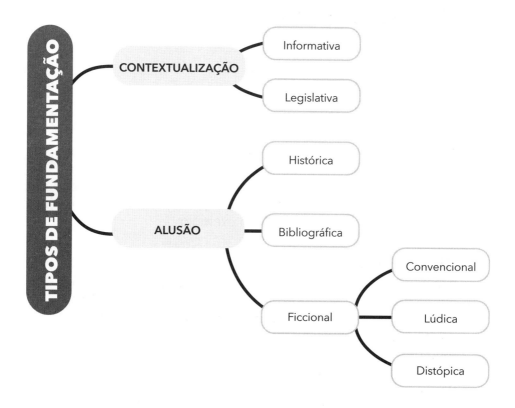

A) Fundamentação por contextualização informativa

A fundamentação começa com uma informação interessante relacionada ao tema.

> Exemplo: O culturocentrismo é uma forma de exclusão em que a maioria social entende e dissipa seu modo de vida como o "correto". (...)

B) Fundamentação por contextualização legislativa

A fundamentação começa com uma informação interessante relacionada ao tema.

> Exemplo: A Constituição Federal assegura, em seu artigo 1º, o direito à cidadania como fundamento da República Federativa do Brasil. (...)

C) Fundamentação por alusão histórica

A fundamentação começa com um fato histórico conhecido.

> Exemplo: Durante a Revolução Francesa, o indivíduo passou a ser tratado sob a ótica iluminista, que valorizava, sobretudo, a dignidade humana. (...)

D) Fundamentação por alusão bibliográfica

A fundamentação começa fazendo referência a um livro.

> Exemplo: Em 1936, foi escrita a obra "Raízes do Brasil", que denuncia a incapacidade do brasileiro em pensar no coletivo. (...)

E) Fundamentação por alusão ficcional convencional

A fundamentação começa fazendo referência a alguma história ficcional (livros, filmes, séries, lendas etc.).

> Exemplo: A produção ficcional "Atypical" narra o drama de Sam: adolescente autista que sofre preconceito na escola. (...)

F) Fundamentação por alusão ficcional lúdica

A fundamentação começa fazendo referência a alguma histórica ficcional criada para crianças ou em formato de desenho.

> Exemplo: A produção ficcional lúdica "Procurando Nemo" narra o drama do desaparecimento de crianças e, por meio da sua narrativa, mostra os impactos psicológicos causados pelo trauma. (...)

G) Fundamentação por alusão ficcional distópica

A fundamentação começa fazendo referência a alguma história ficcional "absurda", como o fim do mundo, a destruição da raça humana, o controle estatal extremo etc.

Exemplo: A produção ficcional "O poço" narra a angústia de seres humanos subjugados a condições de escassez extrema e que, por isso, manifestam atitudes típicas de animais selvagens. (...)

As 3 fundamentações curinga para vários temas

A seguir, veja algumas fundamentações que servem para vários temas. Lembre-se de que esses fragmentos NÃO são desenvolvimentos completos – apenas fundamentações que precisarão ser aprofundadas. No próximo capítulo deste Guia, vamos trabalhar o aprofundamento argumentativo.

1) Convenção Americana sobre Direitos Humanos

Em 1969, a sociedade conheceu uma das leis mais relevantes para a história da América Latina: a Convenção Americana de Direitos Humanos, cujo texto garante [o direito] a todos.

2) Filósofo John Rawls

John Rawls – expoente filósofo político do século XX – entendia que desigualdades sociais e econômicas são obstáculos para a equidade.

3) Filósofo Alvin Toffler

Em A Terceira Onda, o filósofo Alvin Toffler denunciou a falência das instituições públicas, que, segundo ele, estariam imersas em um "vazio político".

Capítulo 9
PASSO 6 - O aprofundamento argumentativo

O que é aprofundamento argumentativo?

O aprofundamento argumentativo é o momento de desenvolver as críticas relacionadas ao argumento. Sem dúvidas, é o passo mais importante para a Competência 3 da redação e uma das maiores dificuldades dos candidatos – mas agora vai ficar fácil.

> **APROFUNDAMENTO ARGUMENTATIVO**
> *Ademais, persiste a cultura de desobediência às determinações legais. Nesse viés, Hans Kelsen – filósofo do século XX – desenvolveu a ideia de que há hierarquia entre as leis, e a vontade do povo deve ser submissa às normas de um Estado Democrático de Direito.* **No entanto, a sociedade contemporânea subverte a proposta de Kelsen: os cidadãos colocam suas vontades acima das normas legais instituídas pelo Estado, haja vista o constante desrespeito às normas brasileiras, como leis trabalhistas – frequentemente tratadas com indiferença.** *Assim, não é razoável que a hierarquia estabelecida por Hans Kelsen seja tratada com indiferença em uma nação que almeja tornar-se desenvolvida.*

Aplicando a técnica da pirâmide argumentativa

A pirâmide argumentativa foi uma técnica que eu desenvolvi para você memorizar quais são os 3 pontos mais importantes na hora de escrever o desenvolvimento:

1. Argumento

Tudo começa pelo ARGUMENTO selecionado lá no PLANEJAMENTO CDA. Esse argumento precisa ser muito claro e totalmente relacionado ao tema, do contrário será impossível ter sucesso no desenvolvimento da redação.

2. Raciocínio crítico

Os RACIOCÍNIOS CRÍTICOS são formas específicas de realizar determinada crítica social. Você precisa parar de achar que argumentação é um processo abstrato! Não é. Os raciocínios críticos são como peças de um quebra-cabeça que você vai encaixando a depender do tema.

Por exemplo, vamos supor que você esteja escrevendo sobre o tema "Desaparecimento de crianças no Brasil". No desenvolvimento, você citou o filme *Procurando Nemo* como sua fundamentação.

Para simplificar [*muito!*] a sua vida, listarei 32 raciocínios críticos que se encaixam em vários temas. Mais à frente, vou mostrar como usá-los efetivamente no desenvolvimento, mas, por enquanto, veja a lista:

32 frases prontas para usar no aprofundamento argumentativo

NOME DO RACIOCÍNIO	FRASE SUGESTÃO QUE EXPLICA O RACIOCÍNIO
1. COMPARAR TEORIA E PRÁTICA	O direito previsto [*na lei x*] não tem sido realidade entre [*as vítimas*].
2. PERCEBER CAUSAS	O problema [*x*] tem origem [*na causa y*].
3. PREVER CONSEQUÊNCIAS	O problema [*x*] poderá fragilizar [*y*].

NOME DO RACIOCÍNIO	FRASE SUGESTÃO QUE EXPLICA O RACIOCÍNIO
4. IDENTIFICAR INCOERÊNCIAS	É incoerente que o problema [x] seja realidade no Brasil, mesmo com [y].
5. PROPOR SOLUÇÕES	É urgente que o problema [x] seja solucionado, sob pena de [y].
6. DENUNCIAR A INDIFERENÇA SOCIAL	A sociedade é indiferente ao problema [x].
7. DENUNCIAR A PERPETUAÇÃO	O problema [x] ainda se perpetua de forma negativa na sociedade brasileira.
8. ENFATIZAR A CRUELDADE HUMANA	O problema [x] evidencia a maldade humana.
9. DIREITO X PRIVILÉGIO	O direito [x], que deveria ser estendido a todos, representa um privilégio de poucos.
10. DENUNCIAR A OMISSÃO DO ESTADO	Não há políticas públicas capazes de interromper o problema [x].
11. CRITICAR A SUBVERSÃO	[x], que deveria servir para [y], se subverteu e transformou no problema [z].
12. CONSTATAR A DISTOPIA	O problema [x] evidencia que o Brasil possui traços cruéis da obra distópica retratada [em y].
13. CRITICAR A MANIPULAÇÃO	[As vítimas do problema] são intuitivamente influenciados por [x].
14. CONSTATAR A DIGNIDADE HUMANA FRAGILIZADA	O problema [x] fragiliza a dignidade humana [das vítimas].
15. DENUNCIAR O CÍRCULO VICIOSO	O problema [x] evidencia um círculo vicioso: a pirataria motiva os fabricantes a aumentar o preço dos produtos, o que gera ainda mais pirataria.
16. EVIDENCIAR UM PROBLEMA	[x] representa grave problema.
17. INTERESSE PÚBLICO X ANSEIOS PARTICULARES	O problema [x] evidencia que os políticos buscam apenas os seus interesses particulares e são indiferentes à vontade coletiva.
18. DENUNCIAR POSTURA EXCLUDENTE	O problema [x] exclui [as vítimas] do direito a [y].
19. DENUNCIAR POLÍTICA PÚBLICA INSUFICIENTE	A iniciativa estatal se mostra insuficiente para a resolução do problema [x].
20. CRITICAR A ROMANTIZAÇÃO DOS PROBLEMAS SOCIAIS	O problema [x] é romantizado pela sociedade brasileira.

NOME DO RACIOCÍNIO	FRASE SUGESTÃO QUE EXPLICA O RACIOCÍNIO
21. DENUNCIAR A FALSA SENSIBILIZAÇÃO	A sociedade brasileira não se sensibiliza com o problema sofrido pelas [vítimas].
22. DENUNCIAR A IMPUNIDADE	Os responsáveis pelo problema [x] se mostram impunes.
23. DENUNCIAR A SUBSERVIÊNCIA SOCIAL	O problema [x] subjuga [as vítimas] à subserviência social.
24. ANUNCIAR O CAOS	O problema [x] levará a sociedade brasileira a experimentar o caos.
25. DENUNCIAR A ESCASSEZ EXTREMA	O problema [x] levará [as vítimas] à extrema escassez de recursos.
26. DENUNCIAR POSTURA INCONSEQUENTE	Inconscientemente, [as vítimas] praticam [algo errado], justamente por conta de se tratar de uma conduta comum na sociedade brasileira.
27. DENUNCIAR A UTOPIA	A ideologia [x], embora seja o ideal para a sociedade brasileira, se mostra uma utopia.
28. PERCEBER A GRADAÇÃO	A manutenção [do problema] levará os indivíduos a experimentarem [x], [y] e [z]. [Colocar 3 consequências da mais fraca para a mais forte].
29. DENUNCIAR A INCAPACIDADE	[Os envolvidos] se mostram incapazes de interromper [o problema].
30. DENUNCIAR A CONIVÊNCIA POR OMISSÃO	[Os envolvidos] se mostram coniventes com [o problema], na medida em que, embora tenham consciência do problema, não o combatem.
31. DENUNCIAR A CONVENIÊNCIA	É conveniente para o Poder Público que os hospitais públicos estejam sucateados, na medida em que o Estado se beneficia diretamente dos impostos arrecadados pelos planos de saúde.
32. COMPARAR REALIDADES	O Brasil possui [vítimas] que vivem/protagonizam o problema denunciado [por x].

3. Frase antilacuna argumentativa

O que são lacunas argumentativas?

Antes de explicar o que são as frases antilacunas, você precisa saber o que são essas tais **lacunas argumentativas**.

Lacunas argumentativas são "buracos", falhas, inconsistências ou pontos fracos em um argumento que podem torná-lo menos convincente ou persuasivo. Veja alguns exemplos:

1. **Falta de evidências:** quando um autor da redação faz uma afirmação sem fornecer nenhuma evidência para apoiá-la, isso cria uma lacuna. Por exemplo, se alguém diz "A escola é indiferente ao ensino da literatura africana nas escolas", mas não diz exatamente o que a escola está fazendo ou deixando de fazer que configura essa indiferença, há uma lacuna argumentativa.

2. **Quebra do fluxo lógico:** quando o aluno está desenvolvendo um raciocínio em 3 pontos: A, B e C. No entanto, ele se esquece de falar sobre o ponto B – obrigando o corretor a completar mentalmente a argumentação do aluno. Veja este exemplo escrito com base no tema "O problema da gordofobia em discussão no Brasil":

(...) A maldade humana denunciada por Hannah Arendt se relaciona com a prática da gordofobia e prejudica a dignidade humana das vítimas de forma irreparável, já que esse preconceito acarreta o suicídio dos afetados.

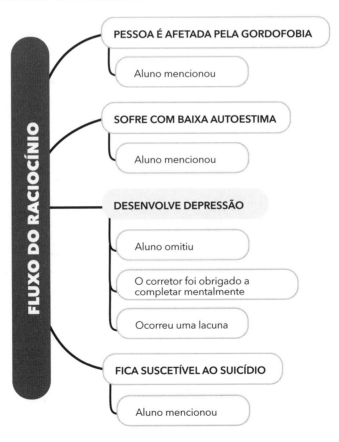

> **Exemplo sem lacuna:**
> (...) A maldade humana denunciada por Hannah Arendt se relaciona com a prática da gordofobia e prejudica a dignidade humana das vítimas de forma irreparável, **já que afeta a autoestima do indivíduo e pode, em casos mais graves, motivar o suicídio dos afetados.**

3. **Falácias lógicas:** estes são erros de raciocínio que podem criar lacunas em um argumento. Por exemplo, se alguém argumenta "As escolas são indiferentes ao ensino da literatura africana" e depois afirma que "os professores buscam ensinar autores como Mia Couto e Paulina Chiziane", houve uma incoerência argumentativa. Isso porque Mia Couto e Paulina Chiziane são autoras de literatura africana. Ora, se os professores falam de Mia e Paulina, então as escolas não são indiferentes (ou falta alguma informação, por isso houve um "buraco" ou lacuna).

4. **Omissão de contra-argumentos:** se um aluno ignora contra-argumentos válidos ou não aborda objeções potenciais, isso pode criar uma lacuna. Por exemplo, se alguém está argumentando que "Todos deveriam se tornar veganos por razões éticas", mas não aborda a objeção de que nem todos têm acesso ou podem pagar por alimentos veganos saudáveis, há uma lacuna em seu argumento.

5. **Presunções não fundamentadas:** estas são suposições feitas dentro de um argumento que não são apoiadas por evidências. Por exemplo, se alguém argumenta que "Todos os políticos são corruptos, por isso não devemos votar", está fazendo uma suposição generalizada que não é necessariamente verdadeira para todos os políticos.

Portanto, as lacunas argumentativas são partes de um argumento que são incompletas, inconsistentes ou fracas de alguma forma. Ao identificar e abordar essas lacunas, podemos tornar nossos argumentos mais sólidos e convincentes. Uma **frase antilacuna argumentativa** seria, portanto, uma forma de preencher essas lacunas.

Lista de frases antilacuna argumentativa

1. Falta de leis que criminalizam essa prática.

2. Insuficiência do debate público sobre [x].

3. Carência de políticas públicas como [x] e [y].

4. Falta de profissionais capacitados no auxílio de [x].

5. Carência de materiais didáticos capazes de [x].

6. Falta de insumos e materiais para [x].

7. Ausência de um canal específico para denunciar [x].

8. Falta de debate social sobre [x] na família na escola.

9. Falta de punição dos infratores que cometem [x].

10. Insuficiência de verbas públicas destinadas a [x].

TEMA: O DRAMA DO DESAPARECIMENTO DE CRIANÇAS NO BRASIL

A1 - INVISIBILIDADE SOCIAL

Você selecionou esse argumento lá no planejamento CDA e começou o seu desenvolvimento com o seguinte tópico frasal:

TÓPICO FRASAL

Diante desse cenário, o desaparecimento de crianças é um problema pouco – ou nada – discutido socialmente.

FUNDAMENTAÇÃO

Depois citou o filme "Procurando Nemo", que ilustra o drama de um pai que busca o seu filho desaparecido.

APROFUNDAMENTO

No aprofundamento, você pode tomar vários caminhos. Por exemplo, você pode dizer que os brasileiros se sensibilizam com um filme, mas, fora da ficção, são indiferentes aos casos de crianças que desaparecem todos os dias no Brasil.

Você acabou de seguir o raciocínio crítico chamado DENUNCIAR FALSA SENSIBILIZAÇÃO.

FRASE ANTILACUNA

Depois de criticar a falta de empatia da sociedade, você precisará dizer exatamente o que os brasileiros estão deixando de fazer.

Um exemplo que você pode dar é este:

"haja vista a falta de debate social na família e na escola sobre crianças desaparecidas no bairro".

REFLEXÃO CRÍTICA

A reflexão crítica é uma frase com tom de fechamento que encerra a discussão do parágrafo. Por exemplo, você pode escrever assim:

"Assim, enquanto os cidadãos continuarem lamentando apenas pelo drama de personagens fictícios, crianças reais permanecerão desaparecidas no Brasil.

Lista de conectivos para iniciar o aprofundamento argumentativo

Para escolher o melhor conectivo, você precisa comparar a ideia da fundamentação com a ideia do aprofundamento argumentativo e seguir esta lógica:

IDEIA RUIM NA FUNDAMENTAÇÃO

Hannah Arendt afirma que os indivíduos acostumaram-se com atitudes cruéis em seus cotidianos

CONECTIVO DE CONTINUIDADE

Nesse sentido
Sob essa lógica
Nesse aspecto
Dessa maneira
Nessa lógica

IDEIA RUIM NO APROFUNDAMENTO

A gordofobia é uma das manifestações da crueldade banalizada, tal como retrata Hannah Arendt

IDEIA BOA NA FUNDAMENTAÇÃO

Aristóteles afirma que os indivíduos seriam animais políticos, que convivem em harmonia e buscam o interesse coletivo

CONECTIVO DE OPOSIÇÃO

Ocorre que
Todavia
No entanto
Entretanto
Por outro lado

IDEIA RUIM NO APROFUNDAMENTO

A gordofobia mostra que a ideia de Aristóteles se mostra uma utopia no Brasil

Como evitar os falsos desenvolvimentos?

O falso desenvolvimento acontece quando o aluno traz a mesma informação duas ou mais vezes, mudando apenas as palavras. Em outras palavras, é quando o aluno tenta "encher linguiça".

> Exemplo: (...) A maldade humana denunciada por Hannah Arendt se relaciona com a prática da gordofobia e prejudica a dignidade humana das vítimas de forma irreparável, *já que esse preconceito afeta os indivíduos que são alvo dessa infração*.

A frase "já que esse preconceito afeta os indivíduos que são alvo dessa infração" pode ser considerada um falso desenvolvimento, porque ela não acrescenta novas informações à discussão. Ela apenas reafirma que a gordofobia prejudica a dignidade humana das vítimas de forma irreparável. Para solucionar, poderíamos trocar por uma frase antilacuna:

> A maldade humana denunciada por Hannah Arendt se relaciona com a prática da gordofobia e prejudica a dignidade humana das vítimas de forma irreparável, *já que esse preconceito fragiliza a autoestima, pode acarretar a depressão e, consequentemente, a ideação suicida da vítima*.

Capítulo 10
PASSO 7 – A reflexão crítica

O que é reflexão crítica?

A reflexão crítica é o fechamento do parágrafo de desenvolvimento e tem duas funções:

1. Funciona como conclusão do desenvolvimento.
2. Reafirma o juízo de valor da contextualização.

> **REFLEXÃO CRÍTICA**
>
> *Ademais, persiste a cultura de desobediência às determinações legais. Nesse viés, Hans Kelsen – filósofo do século XX – desenvolveu a ideia de que há hierarquia entre as leis, e a vontade do povo deve ser submissa às normas de um Estado Democrático de Direito. No entanto, a sociedade contemporânea subverte a proposta de Kelsen: os cidadãos colocam suas vontades acima das normas legais instituídas pelo Estado, o que fortalece a cultura de transgressão às leis e motiva a existência de um falso Estado de Direito.* **Assim, não é razoável que a hierarquia estabelecida por Hans Kelsen seja tratada com indiferença em uma nação que almeja tornar-se desenvolvida.**

Orientações específicas da reflexão crítica:

- Deve ter pelo menos uma palavra com juízo de valor.
- Pode iniciar com conectivos de conclusão.
- Pode fazer nova retomada da área do conhecimento.

7 reflexões críticas curinga para vários temas

A seguir, veja as estruturas que usei em redações, o que não impede que você crie outras, tudo bem?

ESTRUTURA	RESULTADO
1. Não é razoável que [o problema] permaneça em um país que almeja tornar-se nação desenvolvida.	Não é razoável que o preconceito linguístico permaneça em um país que almeja tornar-se nação desenvolvida.
2. Enquanto [o problema] se mantiver, o Brasil será obrigado a conviver com um dos mais graves problemas para [as vítimas]: [consequência].	Enquanto o preconceito linguístico se mantiver, o Brasil será obrigado a conviver com um dos mais graves problemas para a nação: os crimes de ódio.
3. Enquanto [o problema] for a regra, [a solução] será a exceção.	Enquanto o preconceito linguístico for a regra, a nação igualitária será a exceção.
4. Enquanto [o problema] for sinônimo de assunto silenciado, haverá [consequência].	Enquanto a variação linguística for sinônimo de assunto silenciado, haverá preconceito.
5. É incoerente que haja [o problema] em uma nação multicultural como o Brasil.	É incoerente que haja preconceito linguístico em uma nação multicultural como o Brasil.
6. É contraditório que, mesmo sendo nação pós-moderna, [o problema] ainda seja a realidade no Brasil.	É contraditório que, mesmo sendo nação pós-moderna, o preconceito linguístico ainda seja a realidade no Brasil.
7. [O problema] inviabiliza [o direito] e coloca em risco o desenvolvimento nacional.	O preconceito linguístico inviabiliza a construção de uma sociedade solidária e coloca em risco o desenvolvimento nacional.

Capítulo 11
PASSO 8 - O tópico frasal conclusivo

O que é tópico frasal conclusivo?

O tópico frasal conclusivo é a oração ou o período que inicia o parágrafo de conclusão.

> **RETOMADA DA ABORDAGEM**
> **A ideologia de Montesquieu, portanto, precisa ser colocada em prática no Brasil.** *Desse modo, os indivíduos devem repudiar atitudes cordiais, como descreveu Sérgio Buarque de Holanda, por meio de discussões nas mídias sociais capazes de denunciar, com veemência, posturas antiéticas diárias cometidas pela população. Essa iniciativa social teria a finalidade de promover a correta hierarquia entre a lei e as vontades individuais, e, assim, garantir a prevalência do verdadeiro Estado de Direito.*

Orientações específicas do tópico frasal conclusivo:
- Deve ter tom conclusivo – ou seja, ele deixará implícito que o texto está acabando.
- Pode reaproveitar a área do conhecimento da introdução.
- Deve ter valor propositivo – ou seja, ele deve dar uma sugestão de que algo precisa ser feito.

Lista de conectivos para iniciar a conclusão

CONECTIVOS PARA CONCLUSÃO
- Em suma,
- Portanto,
- Dessa forma,
- Logo,
- Em resumo,
- Nesse sentido,
- Diante disso,
- Assim,
- Desse modo,

Os 7 tópicos frasais conclusivos para vários temas

1. É urgente, portanto, que [*o problema do tema*] deixe de ser realidade no Brasil.

> Exemplo: É urgente, portanto, que a exploração da mão de obra do trabalhador doméstico deixe de ser realidade no Brasil.

2. Portanto, a ideologia [*da autoridade citada na redação*] deve ser considerada para a resolução do problema.

Exemplo: Portanto, a ideologia de John Locke deve ser considerada para a resolução do problema.

3. Não é razoável, portanto, que [*o problema do tema*] ainda seja uma realidade no Brasil.

Exemplo: Não é razoável, portanto, que a exploração da mão de obra do trabalhador doméstico ainda seja uma realidade no Brasil.

4. Urge, portanto, que [*o problema do tema*] seja mitigado.

Exemplo: Urge, portanto, que a exploração da mão de obra do trabalhador doméstico seja mitigada.

5. Há de se repensar, portanto, [*o problema do tema*], sob pena de prejuízos [*às vítimas*].

Exemplo: Há de se repensar, portanto, a legislação trabalhista relacionada ao trabalhador doméstico, sob pena de prejuízos às vítimas.

6. Portanto, para que [*o problema*] receba a devida importância, [*proposta*].

Exemplo: Portanto, para que a exploração da mão de obra do trabalhador doméstico receba a devida importância, [*proposta*].

7. Portanto, há de se mitigar [*o problema do tema*].

Exemplo: Portanto, há de se mitigar a exploração da mão de obra do trabalhador doméstico.

Capítulo 12
PASSO 9 - A proposta de intervenção

O que é proposta de intervenção?

A proposta de intervenção é o momento de organizar, dentro do parágrafo de conclusão, as sugestões para a melhoria dos problemas levantados ao longo da redação. A Banca Corretora não espera que você proponha uma iniciativa definitiva para acabar de vez com os problemas, mas que, pelo menos, seja uma ideia que os amenize, entendeu? Vamos dominar isso agora!

> **PROPOSTA**
> *A ideologia de Montesquieu, portanto, precisa ser colocada em prática no Brasil.* **Desse modo, as escolas devem contribuir para desenvolver a educação legal entre os indivíduos, por meio de projetos pedagógicos, como ações comunitárias capazes de evidenciar a importância das normas legais. Essa iniciativa terá a finalidade de estimular o respeito dos cidadãos às leis estabelecidas,** *de modo que o Brasil seja, de fato, um Estado Democrático de Direito.*

82 O GUIA DA REDAÇÃO NOTA 1000

Orientações específicas do AGENTE

AGENTE

(...) Desse modo, **as escolas** devem contribuir para desenvolver a educação legal entre os indivíduos, por meio de projetos pedagógicos, como ações comunitárias capazes de evidenciar a importância das normas legais. Essa iniciativa terá a finalidade de estimular o respeito dos cidadãos às leis estabelecidas, de modo que o Brasil seja, de fato, um Estado Democrático de Direito.

1. Pode ser um agente social (indivíduos, empresas, sociedade civil etc.).
2. Pode ser um agente estatal (escola, Poder Legislativo, Ministério Público, Prefeituras etc.).
3. Pode ser escrito de diversas formas:

4. Pode ser agente duplo.

O agente duplo ocorre quando o candidato junta dois ou mais agentes para resolver o problema.

Exemplo: O Ministério da Educação e as escolas devem (...)

5. Não pode ser um agente nulo:

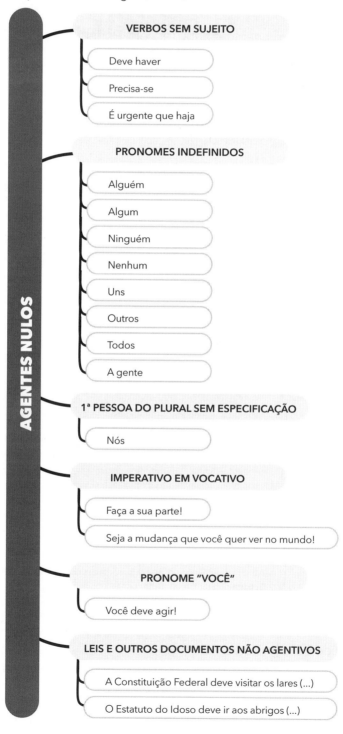

Cap. 12 • PASSO 9 - A PROPOSTA DE INTERVENÇÃO   85

50 agentes para vários temas

AGENTES

CONSELHOS PROFISSIONAIS

- CFM (Conselho Federal de Medicina)
- CFBM (Conselho Federal de Biomedicina)
- CFF (Conselho Federal de Farmácia)
- CFN (Conselho Federal de Nutrição)
- ANATEL (Agência Nacional de Telecomunicações)
- ANCINE (Agência Nacional do Cinema)
- ANAC (Agência Nacional de Aviação Civil)
- ANTAQ (Agência Nacional de Transportes Aquaviários)
- ANTT (Agência Nacional de Transportes Terrestres)
- ANP (Agência Nacional de Petróleo)
- ANVISA (Agência Nacional de Vigilância Sanitária)
- ANS (Agência Nacional de Saúde Suplementar)
- ANA (Agência Nacional de Águas)
- ANM (Agência Nacional de Mineração)
- ANEEL (Agência Nacional de Energia Elétrica)

ESCOLAS

- Professores
- Lideranças escolares
- Diretores
- Coordenadores

MÍDIA

- Grande mídia, órgãos da imprensa
- Mídias sociais

Orientações específicas da AÇÃO

> **AÇÃO**
> (...) Desse modo, as escolas **devem contribuir para desenvolver a educação legal entre os indivíduos**, por meio de projetos pedagógicos, como ações comunitárias capazes de evidenciar a importância das normas legais. Essa iniciativa terá a finalidade de estimular o respeito dos cidadãos às leis estabelecidas, de modo que o Brasil seja, de fato, um Estado Democrático de Direito.

1. Busque iniciar a ação com um verbo (como deve, pode, precisa).
2. Evite uma ação muito específica, ela pode dificultar a criação do meio de ação.

> **A AÇÃO ESPECÍFICA DEMAIS DIFICULTA O MEIO**
> O Ministério da Saúde **deve realizar campanhas nas mídias sociais e televisivas,** por meio de canais de grande alcance, para que haja adesão às campanhas de vacinação no Brasil.

3. Busque usar um termo marcador da ação.

Termos marcadores são palavras ou expressões que deixam claro para o corretor que o candidato escreveu a ação interventiva.

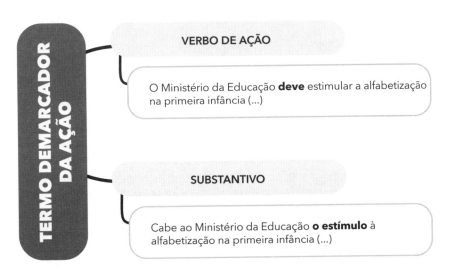

4. Não faça ação nula:

50 verbos de ação para vários temas

Aconselhar	Acusar	Advertir	Agir	Buscar
Capacitar	Comprovar	Conduzir	Convencer	Criar
Criticar	Denunciar	Desconstruir	Desenvolver	Designar
Discutir	Disponibilizar	Divulgar	Educar	Ensinar
Esclarecer	Estabelecer	Estimular	Exercer	Exigir
Exortar	Explicar	Expor	Fiscalizar	Garantir
Impor	Incentivar	Induzir	Informar	Inscrever
Inspirar	Instruir	Intensificar	Manifestar	Mobilizar
Mostrar	Orientar	Persuadir	Prevenir	Processar
Promover	Propor	Punir	Realizar	Reivindicar

Orientações específicas do MEIO de ação

MEIO
*(...) Desse modo, as escolas devem contribuir para desenvolver a educação legal entre os indivíduos, **por meio de projetos pedagógicos**, como ações comunitárias capazes de evidenciar a importância das normas legais. Essa iniciativa terá a finalidade de estimular o respeito dos cidadãos às leis estabelecidas, de modo que o Brasil seja, de fato, um Estado Democrático de Direito.*

1. Deve ser marcado com os conectivos de advérbios de:

2. Deve ser relativamente específico.
3. Use as sugestões dos meios de ação padrão.

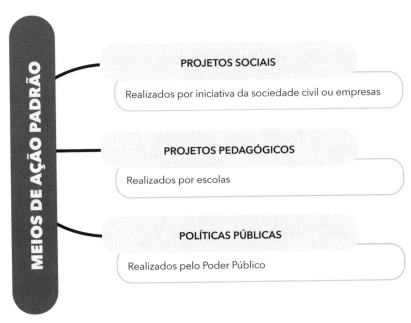

- **Projetos sociais**: A sociedade civil deve estimular a alfabetização na primeira infância, por meio de projetos sociais (...).
- **Projetos pedagógicos**: As escolas devem estimular a alfabetização na primeira infância, por meio de projetos pedagógicos (...).

- **Políticas públicas**: O Ministério da Educação deve estimular a alfabetização na primeira infância, por meio de políticas públicas (...).

4. Não utilize meios de ação nulos.

Orientações específicas da FINALIDADE

> **FINALIDADE**
> (...) Desse modo, as escolas devem contribuir para desenvolver a educação legal entre os indivíduos, por meio de projetos pedagógicos, como ações comunitárias capazes de evidenciar a importância das normas legais. **Essa iniciativa terá a finalidade de estimular o respeito dos cidadãos às leis estabelecidas**, de modo que o Brasil seja, de fato, um Estado Democrático de Direito.

1. A finalidade (ou efeito) pode aparecer ao final da proposta, nas seguintes estruturas:

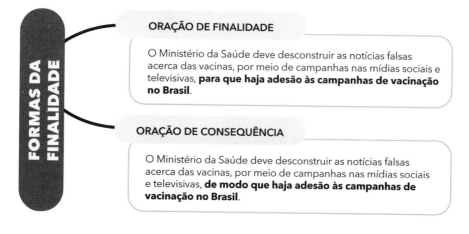

PERÍODO CONCLUSIVO

O Ministério da Saúde deve desconstruir as notícias falsas acerca das vacinas, por meio de campanhas nas mídias sociais e televisivas. **Assim, haverá maior adesão às campanhas de vacinação no Brasil**.

PERÍODO ADITIVO

O Ministério da Saúde deve desconstruir as notícias falsas acerca das vacinas, por meio de campanhas nas mídias sociais e televisivas. **Essa iniciativa terá a finalidade de promover maior adesão às campanhas de vacinação no Brasil**.

2. Caso haja duas finalidades, a segunda pode ser considerada um DETALHAMENTO.

FINALIDADE	O Ministério da Saúde deve desconstruir, com urgência, as notícias falsas acerca das vacinas, por meio de campanhas nas mídias sociais e televisivas. **Assim, será ampliada a cobertura vacinal no país**. [FINALIDADE]
FINALIDADE + DETALHAMENTO	O Ministério da Saúde deve desconstruir, com urgência, as notícias falsas acerca das vacinas, por meio de campanhas nas mídias sociais e televisivas, **para que haja maior adesão às campanhas de vacinação no Brasil**. *Assim, será ampliada a cobertura vacinal no país*. [DETALHAMENTO]

Para ser considerado detalhamento da finalidade, deve haver relação clara de causa-efeito!

CAUSA	EFEITO
(...) maior adesão às campanhas de vacinação no Brasil.	(...) será ampliada a cobertura vacinal no país.
FINALIDADE	DETALHAMENTO DA FINALIDADE

3. Uma única finalidade pode servir para DUAS propostas.

FINALIDADE COMPARTILHADA	**Para haver adesão às campanhas de vacinação,** o Ministério da Saúde deve desconstruir as notícias falsas (...), e as escolas podem desenvolver aulas de biologia, mostrando a importância da cobertura vacinal (...).

4. Busque usar termos que demarcam a finalidade.

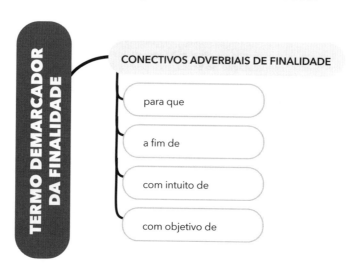

Orientações específicas do DETALHAMENTO

DETALHAMENTO
(...) Desse modo, as escolas devem contribuir para desenvolver a educação legal entre os indivíduos, por meio de projetos pedagógicos, **como ações comunitárias capazes de evidenciar a importância das normas legais**. Essa iniciativa terá a finalidade de estimular o respeito dos cidadãos às leis estabelecidas, de modo que o Brasil seja, de fato, um Estado Democrático de Direito.

Você pode detalhar qualquer um dos outros elementos:

DETALHAMENTO DO AGENTE	O Ministério da Saúde, **como responsável pela profilaxia da população**, deve desconstruir as notícias falsas acerca das vacinas, por meio de campanhas nas mídias sociais e televisivas, para que haja adesão às campanhas de vacinação no Brasil.
DETALHAMENTO DA AÇÃO	O Ministério da Saúde deve desconstruir as notícias falsas acerca das vacinas – **responsáveis pela proteção da saúde pública** –, por meio de campanhas nas mídias sociais e televisivas, para que haja adesão às campanhas de vacinação no Brasil.

DETALHAMENTO DO MEIO	O Ministério da Saúde deve desconstruir as notícias falsas acerca das vacinas, por meio de campanhas nas mídias sociais e televisivas – **responsáveis pela radiodifusão informacional** –, para que haja adesão às campanhas de vacinação no Brasil.
DETALHAMENTO DA FINALIDADE	O Ministério da Saúde deve desconstruir as notícias falsas acerca das vacinas, por meio de campanhas nas mídias sociais e televisivas, para que haja adesão, **como ocorre em nações desenvolvidas**, às campanhas de vacinação no Brasil.

- Havendo mais de um detalhamento, o avaliador vai considerar apenas um elemento como válido.
- As informações referentes a LUGAR e TEMPO não são consideradas detalhamentos.

LUGAR E TEMPO	O Ministério da Saúde deve desconstruir, **no Brasil**, as notícias falsas que foram disseminadas **nos últimos anos** acerca das vacinas, por meio de campanhas nas mídias sociais e televisivas, para que haja adesão às campanhas de vacinação no Brasil.

Tipos de detalhamento:

- Detalhamento explicativo: busca explicar um dos elementos, mostrando sua função ou explicitando seus objetivos.

Exemplo: *O Ministério Público –* **responsável pela garantia dos direitos das minorias** *– deve (...)*

- Detalhamento exemplificativo: busca dar exemplos de algum dos elementos, deixando sua explicação mais concreta.

Exemplo: *(...) por meio de projetos pedagógicos,* **como aulas adaptadas à realidade das crianças**

Detalhamentos que servem para vários temas

Como [+ *exemplos*]	Como [+ *comparação*]
Como ocorre em nações desenvolvidas	[*escolas*] – responsáveis pela transformação social
Tal/tais como [+ *exemplos*]	Tal como defendia [*a autoridade usada antes no texto*]

33 detalhamentos exemplificativos que servem para vários temas

1. Campanhas → conjunto de eventos destinados a ensinar ou a desconstruir algo.

2. Minicursos → conjuntos de aulas teóricas ou práticas ensinando algo.

3. Palestras → aula formal oferecida por algum profissional especializado.

4. Oficinas → encontro de pessoas para desenvolver alguma atividade prática.

5. *Workshops* → nome bonito para oficinas.

6. Anúncios → forma de divulgação de algum conteúdo.

7. Aplicativos → estratégias digitais para realizar uma tarefa.

8. Processo judicial → forma de denúncia que visa a obrigar alguém a se retratar de algo.

9. Eventos pedagógicos → formas de ensinar alguém a fazer algo.

10. Distribuição de vales-cultura → para incentivar a cultura.

11. Distribuição de cestas básicas → para reduzir a desigualdade/fome.

12. Distribuição de bolsas auxílio → para incentivar pesquisas científicas.

13. Distribuição de água potável → para combater a escassez hídrica.

14. Distribuição de livros literários → para estimular a leitura.

15. Projetos interdisciplinares → para disseminar o conhecimento.

16. Cartilhas virtuais → para ensinar as pessoas a nível nacional (sem poluição).

17. Aulas → estratégia simples e eficaz de ensinar a população.

18. Ficções engajadas → série ou filme capaz de ensinar a população por meio da arte.

19. Documentários → produções capazes de ensinar a população por meio da realidade.

20. Atividades extraclasse → aulas fora do ambiente escolar.

21. Eventos lúdicos → evento que visa a ensinar pelas brincadeiras e pela diversão.

22. Eventos públicos → eventos públicos organizados pelo Estado.

23. Eventos solidários → eventos públicos organizados pela sociedade.

24. Ações comunitárias → eventos públicos organizados pelo Estado ou pela sociedade.

25. Gincanas → momento de brincadeiras.

26. Eventos literários → estratégias para estimular a cultura/leitura/ensino.

27. Sarais → eventos destinados à leitura de poemas.

28. Planejamentos e planilhas → para organizar a rotina do indivíduo.

29. Consulta a médicos → para tratar um problema de saúde.

30. Denúncias ao Disque 100 (Disque Direitos Humanos) → denunciar algum crime.

31. Leis → para o caso de não haver leis sobre o assunto.

32. Envio de policiais militares/fiscais → para garantir o cumprimento das leis.

33. Fiscalização → para garantir o cumprimento das leis.

Capítulo 13
PASSO 10 – O desfecho argumentativo

O que é desfecho argumentativo?

O desfecho argumentativo é o nome técnico que se dá à finalização do texto. Os meus alunos do Curso Presencial o chamam de "final feliz". Ele deve ser capaz de mostrar uma perspectiva otimista para os problemas apresentados ao longo do texto e, ainda, dar um tom de que a redação acabou.

Exemplos de desfechos das redações nota 1000.

> Exemplo 1 – Desfecho argumentativo em 3 palavras
> *Urge, portanto, que o presente seja construído com base na reflexão das experiências traumáticas do passado para que a sociedade porvir seja mais democrática. Assim como se percebe na Constituição Federal de 1988, a realidade pretérita deve servir de parâmetro para a formulação de medidas legislativas que visem à construção da coletividade, segundo propõe o artigo 5º da Carta Magna:* **sociedade livre, justa e solidária.**

> **Exemplo 2 – Desfecho argumentativo em forma de período conclusivo**
>
> A união do povo e governo faz-se, portanto, indispensável para mitigar a violência contra a mulher. Ao povo, por meio de redes sociais na internet, cabe compartilhar postagens denunciando atos preconceituosos contra o sexo feminino. Ao Estado, por meio de mídias televisivas, cabe desenvolver propagandas com artistas famosos com o objetivo de atrair a atenção da população à necessidade de valorização das mulheres. **Assim, a nação verde e amarela, em breve, deixará de conviver com o feminicídio.**

> **Exemplo 3 – Desfecho argumentativo com retomada do repertório**
>
> A união do povo e governo faz-se, portanto, indispensável para mitigar a violência contra a mulher. Ao povo, por meio de redes sociais na internet, cabe compartilhar postagens denunciando atos preconceituosos contra o sexo feminino. Ao Estado, por meio de mídias televisivas, cabe desenvolver propagandas com artistas famosos com o objetivo de atrair a atenção da população à necessidade de valorização das mulheres. **Dessa forma, a banalidade do mal denunciada por Hannah Arendt fará parte do passado histórico do brasileiro – e não da sua realidade.**

Erros comuns na formulação do desfecho

- Desfecho genérico:
  "Assim, a solução do problema será atingida no Brasil."

- Desfecho utópico:
  "Assim, o Brasil alcançará sucesso em todas as áreas da sociedade e não haverá mais gases poluentes sendo lançados na atmosfera."

- Desfecho pessimista:
  "Infelizmente, o racismo sempre será uma realidade no país, e resta ao brasileiro conviver com ele."

5 desfechos argumentativos que servem para vários temas

A) "Assim, será assegurado o direito [x], e o Brasil passará a ser uma a sociedade livre, justa e, de fato, solidária."

B) "Assim, [o problema do tema] será substituído pelo direito [x], e [as vítimas] viverão em uma nação livre, justa e solidária."

C) "Assim, o problema denunciado [*pela autoridade citada no texto*] será mitigado, e o Brasil será conhecido como Nação solidária/igualitária/justa/cidadã e, de fato, livre [*do problema do tema em até 3 palavras*]."

D) "Assim, o direito *[x]* será assegurado na prática, e o [*problema do tema*] será, em breve, um desafio superado."

E) "Assim, o direito *[x]* será assegurado na prática e os benefícios previstos na lei deixarão de ser, em breve, apenas teoria."

Capítulo 14
Gabaritando a Competência 1

Como gabaritar a Competência 1?

A Competência 1 é o critério que avalia a gramática da redação. Todavia, muitos candidatos pensam que, para conseguir nota máxima nessa competência, basta não errar gramática [*como se isso fosse fácil*], mas estão enganados!

Uma redação sem erros de gramática não merece 200 pontos! O aluno precisa, além disso, mostrar excelente domínio da estrutura das frases – vamos chamar aqui de **estrutura sintática**, ok?

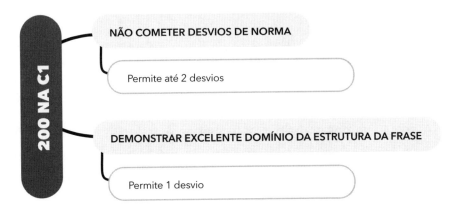

Antes de trabalharmos a C1, vamos ver como ela é corrigida.

COMPETÊNCIA 1 – MATRIZ DE REFERÊNCIA	
Demonstrar domínio da modalidade escrita formal da Língua Portuguesa	
NA REDAÇÃO, O CANDIDATO...	**PONTOS**
Demonstra desconhecimento da modalidade escrita formal da Língua Portuguesa.	0
Demonstra domínio precário da modalidade escrita formal da Língua Portuguesa, de forma sistemática, com diversificados e frequentes desvios gramaticais, de escolha de registro e de convenções da escrita.	40
Demonstra domínio insuficiente da modalidade escrita formal da Língua Portuguesa, com muitos desvios gramaticais, de escolha de registro e de convenções da escrita.	80
Demonstra domínio mediano da modalidade escrita formal da Língua Portuguesa e de escolha de registro, com alguns desvios gramaticais e de convenções da escrita.	120
Demonstra bom domínio da modalidade escrita formal da Língua Portuguesa e de escolha de registro, com poucos desvios gramaticais e de convenções da escrita.	160
Demonstra excelente domínio da modalidade escrita formal da Língua Portuguesa e de escolha de registro. Desvios gramaticais ou de convenções da escrita serão aceitos somente como excepcionalidade e quando não caracterizarem reincidência.	200

 Profinho, mas como eu mostro esse domínio excelente?

A seguir, vamos trabalhar as mesmas estratégias que eu ensino aos meus alunos e que os fazem mostrar domínio gramatical excelente. Antes disso, deixe-me mostrar os subcritérios que os corretores utilizam para dar a nota da Competência 1.

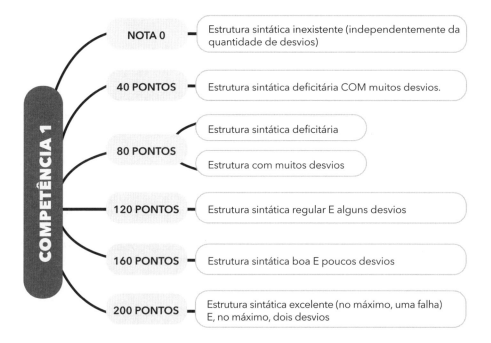

Como demonstrar excelente domínio da gramática e alcançar 200 na C1?

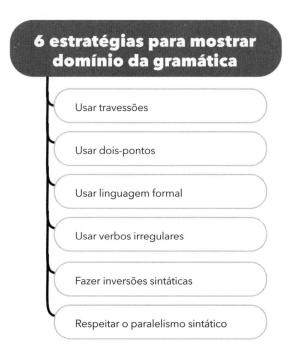

1) Como usar travessões?

O travessão (—) é um sinal usado para substituir as vírgulas e, em alguns casos, para dar ênfase a algum fragmento do texto.

O travessão nunca é obrigatório, mas demonstra domínio. Fuja da mediocridade de quem diz "Ahhhh, Profinho, se não é obrigatório, nem vou usar". Ele deixa seu texto mais expressivo e serve para substituir as vírgulas:

COM (,)	**Ex.:** A manipulação do comportamento dos usuários é, ou deveria ser, uma conduta repudiada pelas autoridades.
COM (—)	**Ex.:** A manipulação do comportamento dos usuários é — ou deveria ser — uma conduta repudiada pelas autoridades.

O travessão deve isolar fragmentos curtos para não comprometer o entendimento do texto pelo avaliador.

LONGO	**Ex.:** A manipulação do comportamento dos usuários é — ou ao menos deveria ser essa a realidade no mundo contemporâneo — uma conduta repudiada pelas autoridades.
CURTO	**Ex.:** A manipulação do comportamento dos usuários é — ou deveria ser — uma conduta repudiada pelas autoridades.

O conteúdo isolado pelo travessão é um termo acessório da frase. Em outras palavras, se eu tirar o fragmento isolado pelo travessão, o sentido não será comprometido:

COM (—)	**Ex.:** A manipulação do comportamento dos usuários — deveria ser — uma conduta repudiada pelas autoridades.
SEM (—)	**Ex.:** A manipulação do comportamento dos usuários [?] uma conduta repudiada pelas autoridades.

Reparou que a segunda frase ficou um pouco sem sentido? Isso aconteceu porque o termo isolado pelos travessões era fundamental para a compreensão [*o que é um erro!*]. O termo isolado deve ser acessório [*se tirá-lo, nada muda*].

Você deve evitar isolar fragmentos adverbiais com o travessão.

FRAGMENTO ADVERBIAL	**Ex.:** A manipulação do comportamento dos usuários deveria ser — no Brasil — uma conduta repudiada pelas autoridades.
FRAGMENTO ADVERBIAL	**Ex.:** A manipulação do comportamento dos usuários deveria ser — quando afeta toda a sociedade — uma conduta repudiada pelas autoridades.

Tipos de uso dos travessões

TRAVESSÃO EXPLICATIVO	*A Constituição Federal de 1988 – norma de maior hierarquia no sistema jurídico brasileiro – assegura a todos a liberdade de crença.*

A explicação breve tem a função de garantir que o corretor vai compreender todos os conceitos do texto. Ele pode ser usado também para mostrar conhecimento.

TRAVESSÃO OPINATIVO	*De outra parte, o sociólogo Zygmunt Bauman defende, na obra "Modernidade Líquida", que o individualismo é uma das principais características – e o maior conflito – da pós-modernidade (...).*

O travessão opinativo acontece quando o autor comenta o próprio texto para ressaltar uma incoerência ou fazer alguma ironia, por exemplo. Também chamado de remissão metadiscursiva, esse recurso traz muito juízo de valor e agrega autoria à redação.

TRAVESSÃO EXEMPLIFICATIVO	*O autor ensina que a realidade do Brasil até o século XIX estava compactada no interior da casa-grande, cuja religião era católica, e as demais crenças – sobretudo africanas – eram marginalizadas e se mantiveram vivas porque os negros lhe deram aparência cristã (...).*

Os exemplos breves servem para desenvolver melhor uma ideia genérica, o que ajuda na fundamentação do parágrafo de desenvolvimento.

2) Como usar dois-pontos?

Os dois-pontos (:) servem para valorizar uma palavra ou expressão que merece destaque na frase. Veja como usá-los:

Escolha uma expressão que mereça ser valorizada na frase	A sociedade brasileira precisa combater **o controle de dados**, que é um dos maiores problemas da internet.
Faça o deslocamento da expressão para o final da frase, usando (:)	A sociedade brasileira precisa combater um dos maiores problemas da internet: **o controle de dados**.

O que é tópico sentencial?

Tópico sentencial é a palavra ou expressão mais importante da frase. Todas as frases devem ter uma palavra ou expressão mais importante, ou seja, todas as frases devem ter um tópico sentencial.

A seguir, veja mais exemplos do uso dos DOIS-PONTOS:

SEM (:)	A juventude precisa ser engajada e valorizar **a liberdade de expressão**, sendo a conquista mais importante desde a década de 1960.
COM (:)	A juventude precisa ser engajada e valorizar a conquista mais importante desde a década de 1960: **a liberdade de expressão**.
SEM (:)	O poder público deve reestruturar o sistema carcerário para garantir aos presos **a dignidade humana**, que é um dos princípios mais importantes do ordenamento jurídico.
COM (:)	O poder público deve reestruturar o sistema carcerário para garantir aos presos um dos princípios mais importantes do ordenamento jurídico: **a dignidade humana**.

3) Como usar linguagem formal?

Dar tom formal significa que o corretor vai ter uma impressão de profissionalismo e de maturidade ao ler a sua redação. Dependendo da palavra escolhida, você terá sido mais ou menos formal. Dá uma olhada:

Veja o tom formal neste fragmento de redação nota 1000:

"Esse errôneo enraizamento moral ¹se comunica com a continuidade da suposta 'diminuição' da figura feminina, o que eventualmente acarreta a manutenção de práticas de violência das mais variadas naturezas. A patriarcal ²cultura verde-amarela, durante muitos anos, ³foi de encontro aos princípios do Iluminismo e da Revolução Francesa: nesse contexto, é fundamental a reforma de valores da sociedade civil." (Richard Neves Caputo, 2015)

TOM NATURAL	TOM FORMAL
TEM A VER	¹SE COMUNICA COM
SOCIEDADE	²CULTURA VERDE-AMARELA
NÃO SEGUIU	³FOI DE ENCONTRO A

A formalidade não é uma meta simples de alcançar. Por isso, você deve ter sagacidade para reunir o maior repertório possível de palavras e frases formais. Veja o exemplo a seguir:

NORMAL	O Ministério do Meio Ambiente deve punir **multando as empresas** que agridem a biodiversidade.
FORMAL	O Ministério do Meio Ambiente deve punir, **por meio de multas**, as empresas que agridem a biodiversidade.

> **! Atenção!**
>
> Por que evitar o gerúndio na redação do Enem?
>
> O gerúndio pode parecer menos formal do que outras construções verbais, o que pode ser inadequado em um contexto formal como a redação do Enem. Embora não configure um desvio gramatical, ele pode ser considerado uma informalidade. Na parte final deste capítulo, mostrarei 9 motivos para não usar gerúndio na redação, beleza?

4) Como usar verbos irregulares?

Verbos irregulares são aqueles que não seguem o padrão do seu radical. Veja um exemplo:

TRAZ	ER
TRAZ	
TRAZ	EM
TROUX	**E**

VERBOS IRREGULARES MOSTRAM CONHECIMENTO!

Veja como usar verbos irregulares na redação:

*"Muitos importantes passos já foram dados na tentativa de se reverter esse quadro. Entretanto, para que seja conquistada uma convivência realmente democrática, **hão** de ser analisadas as verdadeiras causas desse mal." (Richard Neves Caputo, 2015, grifo nosso)*

REGULAR	IRREGULAR
VERBO DEVER	VERBO HAVER
DEVO	HEI
DEVES	HÁS
DEVE	HÁ
DEVEMOS	HAVEMOS
DEVEIS	HAVEIS
DEVEM	HÃO

Verbos irregulares para a redação

HÃO	Para solucionar a miséria, **hão** de ser incentivadas políticas públicas de combate à fome.
MANTIVER	Enquanto a omissão do Estado se **mantiver**, haverá miséria no Brasil.
PROPUSER	Quando a sociedade se **propuser** a repudiar o preconceito, o país será mais solidário.
DISPUSER	Se o Estado se **dispuser** a combater notícias falsas, haverá maior credibilidade na mídia.
OBTIVER	Cada proposta de lei que **obtiver** apoio popular deve ser valorizada pelos parlamentares.

5) Como fazer inversões sintáticas na redação?

Inversão sintática é a mudança da ordem natural da Língua Portuguesa. Essa inversão pode acontecer entre as palavras – em que eu inverto o adjetivo com o substantivo, por exemplo – ou a nível oracional – em que inverto as orações.

a) Inversão sintática das palavras:

Tecnicamente, chamamos de inversão a nível morfossintático [*para os professores de plantão*].

A crise econômica representa um **problema** *grave*.	ORDEM NORMAL
A crise econômica representa um *grave* **problema**.	INVERSÃO SINTÁTICA

b) Inversão sintática das orações:

A intolerância religiosa acontece no Brasil, *apesar de ser proibida pela lei*.	ORDEM NORMAL
Apesar de ser proibida pela lei, a intolerância religiosa acontece no Brasil.	INVERSÃO SINTÁTICA

Os corretores da redação do Enem só estão autorizados a dar nota 1000 para as redações que demonstrem inversões sintáticas oracionais. Essa regra serve para garantir que apenas redações estruturalmente excelentes receberão a nota máxima.

É justo, porque os alunos que sabem fazer orações intercaladas estão tecnicamente na frente daqueles que não fazem ideia de que isso exista – candidatos que não estão lendo este Guia ficarão para trás!

 Profinho, mas como eu posso fazer as inversões sintáticas na minha redação?

Use alguma das frases a seguir como inspiração nos seus textos:

5 frases curinga com inversão sintática

- O direito [x], que deveria ser estendido a todos, representa um privilégio de poucos.
- O Estado, na medida em que permite [*o problema do tema*], perdeu a sua função social estabelecida na Constituição.
- A ideologia [*do filósofo X*], embora seja o ideal para a sociedade brasileira, se mostra uma utopia.
- O Estado se mostra conivente com [*o problema do tema*], na medida em que, embora tenha consciência da carência de políticas públicas, ainda se mostra omisso.

- Não é razoável que, embora o Brasil seja nação desenvolvida, ainda conviva com [*o problema do tema*] em seu território.

6) Como respeitar o paralelismo sintático?

O paralelismo sintático acontece quando você repete alguma palavra no texto para respeitar a regência, por exemplo. Veja como:

SEM PARALELISMO	O Estado deveria se preocupar **com** as crianças, jovens e idosos.
COM PARALELISMO	O Estado deveria se preocupar **com** as crianças, **com** os jovens e **com** os idosos.

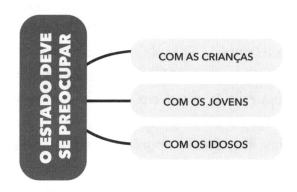

SEM PARALELISMO	A desigualdade ocorre no Brasil **seja** pela ação **ou** pela omissão do Estado.
COM PARALELISMO	A desigualdade ocorre no Brasil **seja** pela ação, **seja** pela omissão do Estado.

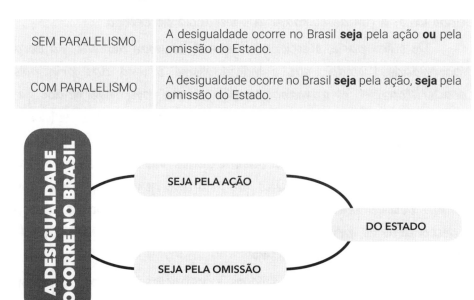

Redação nota 1000 do Profinho

Tolerância na prática

A Constituição Federal de 1988 — norma de maior hierarquia no sistema jurídico brasileiro — assegura a todos a liberdade de crença. Entretanto, os frequentes casos de intolerância religiosa mostram que os indivíduos ainda não experimentam esse direito na prática. Com efeito, um diálogo entre sociedade e Estado sobre os caminhos para combater a intolerância religiosa é medida que se impõe.

Em primeiro plano, é necessário que a sociedade brasileira não seja uma reprodução da casa colonial, como disserta Gilberto Freyre em "Casa-grande e Senzala". O autor ensina que a realidade colonial do Brasil até o século XIX estava compactada no interior da casa-grande, cuja religião oficial era católica, e as demais crenças — sobretudo africanas — eram marginalizadas e se mantiveram vivas porque os negros lhes deram aparência cristã, conhecida hoje por sincretismo religioso. No entanto, não é razoável que ainda haja uma religião que subjugue as outras, o que deve, pois, ser repudiado em um Estado laico, a fim de combater a intolerância de crença.

De outra parte, o sociólogo Zygmunt Bauman defende, na obra "Modernidade Líquida", que o individualismo é uma das principais características — e o maior conflito — da pós-modernidade, e, consequentemente, parcela da população tende a ser incapaz de tolerar diferenças. Esse problema assume contornos específicos no Brasil, onde, apesar do multiculturalismo, há quem exija do outro a mesma postura religiosa e seja intolerante àqueles que dela divergem. Nesse sentido, um caminho possível para combater a rejeição à diversidade de crença é desconstruir o principal problema da pós-modernidade segundo Zygmunt Bauman: o individualismo.

Urge, portanto, que indivíduos e instituições públicas cooperem para mitigar a intolerância religiosa. Cabe aos cidadãos repudiar a inferiorização das crenças e dos costumes presentes no território brasileiro, por meio de debates nas mídias sociais capazes de desconstruir a prevalência de uma religião sobre as demais. Ao Ministério Público, por sua vez, compete promover as ações judiciais pertinentes quando houver atitudes individualistas ofensivas à diversidade de crença. Assim, observada a ação conjunta entre população e poder público, alçará o país a verdadeira posição de Estado Democrático de Direito.

Professor Vinícius Oliveira

Inep analisando a redação nota 1000 do Profinho

O participante demonstra excelente domínio da modalidade escrita formal da língua portuguesa, uma vez que a estrutura sintática é excelente e há desvio apenas na última linha, em que o participante não usa o sinal grave indicativo de crase em "alçará o país à verdadeira posição de Estado Democrático de Direito".

Em relação aos princípios da estruturação do texto dissertativo-argumentativo, percebe-se que o participante apresenta tese, desenvolvimento de justificativas que comprovem essa tese e conclusão. Ou seja, o participante apresenta excelente domínio do texto dissertativo-argumentativo. Além disso, o tema é abordado de forma completa: já no primeiro parágrafo, trata-se tanto da intolerância religiosa quanto dos caminhos para combatê-la, os quais são desenvolvidos ao longo do texto.

Observa-se no texto a presença de repertório sociocultural no 2º parágrafo, em que se faz referência à obra de Gilberto Freyre, e no 3º parágrafo, em que cita a obra de Zygmunt Bauman. Destaca-se que o participante faz uso produtivo desse repertório sociocultural, uma vez que as informações são trazidas ao texto com um propósito e estão articuladas à discussão apresentada.

Percebe-se, ao longo da redação, a presença de projeto de texto estratégico, que se configura na organização e no desenvolvimento do texto. O participante apresenta informações, fatos e opiniões relacionados ao tema proposto, de forma consistente e organizada para defender seu ponto de vista de que, na prática, os brasileiros não possuem de fato o direito à liberdade religiosa e, para mudar esse contexto, é necessário haver um diálogo entre sociedade e Estado.

Há também, nesta redação, um repertório diversificado de recursos coesivos, sem inadequações. Há articulação entre os parágrafos ("em primeiro plano", "de outra parte", "portanto") e entre as ideias dentro de um mesmo parágrafo (1º parágrafo: "entretanto", "esse", "com efeito"; 2º parágrafo: "no entanto", "pois"; 3º parágrafo: "esse", "onde", "nesse sentido"; 4º parágrafo: "por sua vez", "assim" etc.).

Por fim, o participante elabora excelente proposta de intervenção, concreta, detalhada e que respeita os direitos humanos. As propostas apresentadas têm como agentes a sociedade e o Estado, como o participante já havia adiantado na apresentação de sua tese.

Os 9 motivos pelos quais você deve evitar gerúndio na redação

1. **Ambiguidade**: o gerúndio pode causar ambiguidade, especialmente quando a ação que ele descreve está desconectada do tempo do verbo principal.

    Exemplo: *Estava correndo quando tropeçou.*
    (Estava correndo continuamente ou começou a correr e então tropeçou?)

2. **Falha na progressão textual**: o uso do gerúndio pode ser uma forma de "encher linguiça", ou seja, quando você não tem o que dizer e tenta enrolar o corretor.

    Exemplo: *A falta da tecnologia prejudica o aprendizado dos alunos, fazendo com que eles tenham dificuldades pedagógicas.*
    (A frase poderia acabar na palavra "alunos".)

3. **Estrutura complexa**: sentenças que contêm gerúndios podem ser complexas e difíceis de seguir, especialmente se houver muitas delas em uma passagem.

    Exemplo: *Estava caminhando, pensando sobre o que tinha acontecido, sentindo o vento batendo no rosto.*
    (Uma sequência longa de ações em gerúndio pode tornar a frase difícil de acompanhar.)

4. **Falta de concisão:** o gerúndio pode tornar uma frase mais longa do que o necessário. A concisão é frequentemente valorizada em contextos formais de escrita.

Exemplo: *Estou atualmente trabalhando para tentar melhorar minhas habilidades.*
(Poderia ser mais conciso: Estou trabalhando para melhorar minhas habilidades.)

5. **Gerundismo**: o gerundismo é um vício de linguagem muito comum no português falado no Brasil. Refere-se ao uso excessivo do gerúndio para indicar ações futuras.

Exemplo: *Vou estar enviando o relatório amanhã.*
(O uso correto seria: Enviarei o relatório amanhã.)

6. **Informalidade**: o gerúndio pode parecer menos formal do que outras construções verbais, o que pode ser inadequado em um contexto formal como a redação do Enem.

Exemplo: *O Poder Público não está buscando maneiras de resolver o problema.*
(O mais formal seria: O Poder Público se mostra omisso na resolução do problema.)

7. **Dificuldade de leitura:** o gerúndio pode dificultar a identificação das relações de sentido.

Exemplo: *A sociedade está enfrentando muitos desafios, com a economia estagnando, a taxa de desemprego crescendo, os recursos naturais diminuindo e a população envelhecendo rapidamente.*
(Não fica clara qual é a origem do problema nessa frase, porque o uso de gerúndio faz com que os acontecimentos se desenrolem simultaneamente, o que confunde a real interpretação do fragmento.)

8. **Interpretação incorreta:** o gerúndio pode dificultar a interpretação dos elementos da proposta de intervenção:

> Exemplo: *A escola, **ensinando os alunos sobre as mudanças climáticas**, criam, assim, um futuro mais sustentável.*
> (Não fica claro se a frase em negrito é ação ou meio.)

9   **Prejuízo na coesão:**

> Exemplo: *A falta de políticas públicas prejudica a promoção da saúde mental, **aumentando** os casos de depressão e ansiedade.*
> (No lugar do gerúndio, o aluno poderia ter usado o conectivo HAJA VISTA para demonstrar diversidade de recursos coesivos – o que aumenta a nota da C4, como veremos mais à frente.)

Guia rápido de regência do Profinho

VERBO	SIGNIFICADO	PREPOSIÇÃO CORRETA	APLICAÇÃO NA FRASE
Corroborar	Confirmar alguma coisa	X	• Hannah Arendt corrobora a ideia de Thomas Hobbes.
Implicar	Gerar uma consequência	X	• A maldade humana implica prejuízos.
Obedecer	Obedecer mesmo	A	• No sistema industrial, os alunos obedecem à escola.
Visar	Ter algum objetivo	A	• No sistema industrial, os alunos visam a ser empregados e não empreendedores.
Assistir	Ver alguma coisa	A	• As crianças assistem aos comerciais e são influenciadas por eles.

VERBO	SIGNIFICADO	PREPOSIÇÃO CORRETA	APLICAÇÃO NA FRASE
Assistir	Ajudar	X	• Os pais devem assistir seus filhos nas tarefas relacionadas à leitura.
Esquecer	Esquecer mesmo	X ou SE + DE	• Os pais não devem se esquecer dos filhos. • Os pais não devem esquecer os filhos.
Consistir	Mostrar o significado	EM	• Obsolescência programada consiste em construir um aparelho eletrônico com vida útil curta.
Consentir	Deixar acontecer algo	X ou EM	• Os pais omissos costumam consentir todos os pedidos dos filhos. • Os pais omissos costumam consentir em todos os pedidos dos filhos.
Influenciar	Fazer alguém fazer algo	X, EM, SOBRE	• A mídia influencia as atitudes das pessoas. • A mídia influencia nas atitudes das pessoas. • A mídia exerce influência sobre as atitudes das pessoas.
Preferir	Preferir mesmo	X ou X + A	• As crianças preferem aparelhos eletrônicos. • As crianças preferem aparelhos eletrônicos a brinquedos convencionais.

Palavras que não aceitam crase

1. ALGO
2. ALGUÉM
3. ALGUM
4. CADA
5. CUJO
6. ELA/ELE
7. ESSA/ESTA
8. ESSE/ESTE
9. ISSO/ISTO
10. MAIS
11. MUITO
12. NADA
13. NENHUM
14. OUTRO
15. POUCO
16. QUALQUER
17. QUANTO
18. TANTO
19. TODA/TODO/TODOS ETC.
20. UM

Exercício: Use crase quando necessário

1. O jovem é indiferente a saúde.
2. A sociedade busca a saúde.
3. O Estado é omisso a saúde.
4. O açúcar prejudica a criança.
5. O açúcar é prejudicial a toda criança.
6. A obesidade afeta a população.
7. A saúde deve ser ofertada a juventude.
8. O ECA é fundamental as crianças.
9. O ECA é fundamental a cada criança.
10. O ECA protege as crianças.
11. A sociedade brasileira vai regredir a Idade Média.
12. Nem todos têm acesso a educação de qualidade no país.

Exercício: Use crase quando necessário

13. A Constituição assegura a saúde e a alimentação.

14. Deveria haver o digno tratamento a pessoa com deficiência.

15. *A Metamorfose* faz alusão a sociedade capitalista da relação homem-trabalho.

16. Na Antiguidade Clássica, a educação era restrita as pessoas que eram as mais ricas da população.

17. Na Antiguidade Clássica, a educação era restrita aqueles que eram os mais ricos da população.

18. A má administração do lixo é um problema nocivo a sociedade.

19. A obesidade é uma característica comum, mas prejudicial a população

20. A autotutela é comum a sociedades que não se sentem representadas pelo Poder Público.

21. Repudiar atitudes preconceituosas compete as autoridades.

22. A obesidade acontece devido a hábitos alimentares ruins.

23. A obesidade acontece devido a alimentação ruim.

24. A obesidade acontece devido a práticas alimentares ruins.

25. O desarmamento é favorável a população.

26. A desigualdade social leva os indivíduos a aceitar o trabalho escravo.

27. Os alimentos transgênicos são produtivos a qualquer agricultor, mas podem prejudicar a saúde da sociedade.

28. Os alimentos transgênicos são produtivos a indústria alimentícia, mas podem ser prejudiciais a saúde da sociedade.

29. É dever do Estado solucionar a fome e a miséria.

30. É dever do Estado dar solução a fome e a miséria.

Gabarito

1. O jovem é indiferente **à** saúde.

2. A sociedade busca **a** saúde.

3. O Estado é omisso **à** saúde.

4. O açúcar prejudica **a** criança.

5. O açúcar é prejudicial **a** toda criança.

6. A obesidade afeta **a** população.

7. A saúde deve ser ofertada **à** juventude.

8. O ECA é fundamental **às** crianças.

9. O ECA é fundamental **a** cada criança.

10. O ECA protege **as** crianças.

11. A sociedade brasileira vai regredir **à** Idade Média.

12. Nem todos têm acesso **à** educação de qualidade no país.

13. A Constituição assegura **a** saúde e **a** alimentação.

14. Deveria haver o digno tratamento **à** pessoa com deficiência.

15. *A Metamorfose* faz alusão **à** sociedade capitalista da relação homem-trabalho.

16. Na Antiguidade Clássica, **a** educação era restrita **às** pessoas que eram as mais ricas da população.

17. Na Antiguidade Clássica, **a** educação era restrita **àqueles** que eram os mais ricos da população.

18. A má administração do lixo é um problema nocivo **à** sociedade.

19. A obesidade é uma característica comum, mas prejudicial **à** população.

Gabarito

20. A autotutela é comum **a** sociedades que não se sentem representadas pelo Poder Público.

21. Repudiar atitudes preconceituosas compete **às** autoridades.

22. A obesidade acontece devido **a** hábitos alimentares ruins.

23. A obesidade acontece devido **à** alimentação ruim.

24. A obesidade acontece devido **a** práticas alimentares ruins.

25. O desarmamento é favorável **à** população.

26. A desigualdade social leva os indivíduos **a** aceitar o trabalho escravo.

27. Os alimentos transgênicos são produtivos **a** qualquer agricultor, mas podem prejudicar **a** saúde da sociedade.

28. Os alimentos transgênicos são produtivos **à** indústria alimentícia, mas podem ser prejudiciais **à** saúde da sociedade.

29. É dever do Estado solucionar **a** fome e **a** miséria.

30. É dever do Estado dar solução **à** fome e **à** miséria.

Capítulo 15
Gabaritando a Competência 2

Como gabaritar a Competência 2?

A COMPETÊNCIA 2 é o critério que avalia o tema, o tipo de texto e a presença de repertório. Para tirar 200 pontos nessa competência, você precisa:

Antes de trabalharmos as orientações para gabaritar a C2, vamos ver como ela é corrigida.

COMPETÊNCIA 2 – MATRIZ DE REFERÊNCIA

Compreender a proposta de redação e aplicar conceitos das várias áreas do conhecimento para desenvolver o tema, dentro dos limites estruturais do texto dissertativo-argumentativo em prosa.

NA REDAÇÃO, O CANDIDATO...	PONTOS
Escreve a redação sobre outro assunto, desviando-se totalmente do que foi pedido. Esse desvio zera não apenas a C2, mas também a redação toda.	0
Apresenta o assunto tangenciando o tema ou demonstra domínio precário do texto dissertativo-argumentativo, com traços constantes de outros tipos textuais.	40
Desenvolve o tema recorrendo à cópia de trechos dos textos motivadores ou apresenta domínio insuficiente do texto dissertativo-argumentativo, não atendendo à estrutura com proposição, argumentação e conclusão.	80
Desenvolve o tema por meio de argumentação previsível e apresenta domínio mediano do texto dissertativo-argumentativo, com proposição, argumentação e conclusão.	120
Desenvolve o tema por meio de argumentação consistente e apresenta bom domínio do texto dissertativo-argumentativo, com proposição, argumentação e conclusão.	160
Desenvolve o tema por meio de argumentação consistente, a partir de um repertório sociocultural produtivo, e apresenta excelente domínio do texto dissertativo-argumentativo.	200

Agora, veja o mapa específico das notas da Competência 2:

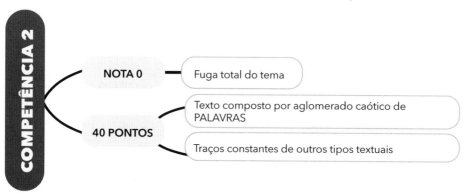

Cap. 15 • GABARITANDO A COMPETÊNCIA 2

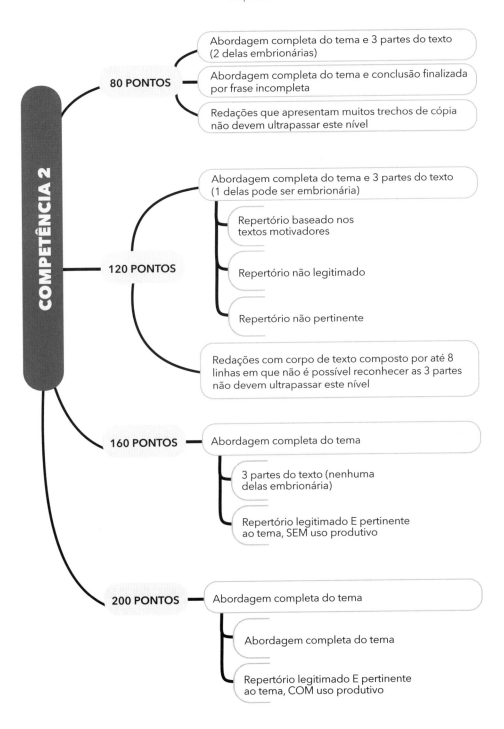

5 orientações práticas para gabaritar a Competência 2

Para você entender melhor, explicaremos detalhadamente o que você deve fazer para tirar 200 pontos na C2.

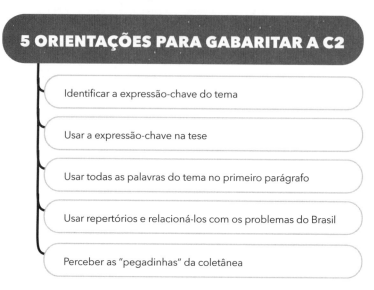

- Identificar a expressão-chave do tema

Como vimos no início deste Guia (no planejamento CDA), a expressão-chave é a parte mais importante do tema. As demais palavras são orientações importantes que a Banca Corretora espera que você atenda. Chamamos essas orientações de comandos expressos.

EXPRESSÃO-CHAVE	São as palavras mais importantes do tema ou correspondem à causa do problema. Se você ignorar, há FUGA DO TEMA.
COMANDOS EXPRESSOS	São palavras que acompanham as palavra-chave e conduzem o texto em determinado sentido. Se você ignorar, há TANGENCIAMENTO DO TEMA.

Veja os exemplos com base em dois temas do Enem:

ENEM 2019	Democratização do acesso ao cinema no Brasil	Cinema	A palavra mais importante
ENEM 2018	A manipulação do comportamento do usuário pelo controle de dados na internet	Controle de dados	A causa do problema

- Usar a expressão-chave na tese

Depois de identificar a expressão-chave, você deve garantir que ela fará parte da sua crítica principal, ok? Bora ver um exemplo com base na redação do Enem 2021, cujo tema foi:

INVISIBILIDADE E REGISTRO CIVIL: GARANTIA DE ACESSO À CIDADANIA NO BRASIL

A expressão-chave é **INVISIBILIDADE E REGISTRO CIVIL**, e, portanto, ela deve entrar na tese. Veja:

> Em outubro de 1988, a sociedade conheceu um dos documentos mais importantes da história do Brasil: a Constituição Cidadã, cujo conteúdo afirma que todos os cidadãos são iguais, sem distinção de nenhuma natureza. **Todavia, tal garantia é deturpada na prática, haja vista que a população brasileira convive com a invisibilidade social, decorrente da ausência de registro civil, o que representa um obstáculo na efetivação da cidadania.** Dessa forma, é válido analisar as causas que fomentam esse revés, dentre as quais se destacam a inoperância governamental e a falta de debate, a fim de superar o panorama lamentável que caracteriza o País tupiniquim.

Essa introdução pertence à minha aluna Monalisa Di Lauro, nota 1000 no Enem 2021. Usar a expressão-chave na tese vai forçar você a falar especificamente sobre o tema e não fugir dele.

- Usar todas as palavras do tema na introdução

Durante a correção, os avaliadores procuram identificar se o candidato compreendeu a proposta, por isso eles ficam procurando as palavras do tema. A sua meta, então, é facilitar a vida dos seus avaliadores. Uma estratégia para mostrar isso é usar TODAS as palavras do tema já no primeiro parágrafo do texto. Veja um exemplo de como fazer isso:

> ENEM 2018 – A ¹MANIPULAÇÃO DO ²COMPORTAMENTO DO ³USUÁRIO PELO ⁴CONTROLE DE DADOS NA INTERNET

Em 1789, o Iluminismo consolidou a Declaração dos Direitos do Homem e do Cidadão, garantindo pela primeira vez a liberdade a todos. Entretanto, a ¹<u>manipulação</u> promovida pelo ⁴<u>controle de dados na internet</u> impede que os ³<u>usuários</u> da rede experimentem a ideologia libertária proposta pelos iluministas. Com efeito, há de se combater a omissão do Estado e os ²<u>comportamentos</u> imprudentes que os brasileiros têm em relação às suas próprias informações.

Ah, Profinho, me disseram que eu não posso usar as palavras do tema dentro da minha redação, porque eu não posso copiar fragmentos do texto motivador no meu texto.

– Mito! Você não deve fazer uma cópia literal dos textos motivadores, mas o que fizemos no exemplo acima foi esmiuçar o tema para trabalhar na introdução. De verdade, se você fizer um texto evitando usar as palavras da frase tema, **você vai fugir do tema! Dá esse mole não!**

- Usar repertórios e relacioná-los com os problemas do Brasil

Deve ficar claro para você que o Enem chama de repertório toda informação relevante ou área do conhecimento que o aluno utiliza na redação. Por isso, é muito importante que você deixe as "marcas" do seu repertório ao longo do parágrafo. Observe o mapa a seguir:

Cap. 15 • GABARITANDO A COMPETÊNCIA 2   129

Vou colocar a abordagem introdução da manipulação dos usuários aqui embaixo para você observar as "marcas" do repertório:

Em 1789, o Iluminismo consolidou a Declaração dos Direitos do Homem e do Cidadão, garantindo pela primeira vez a liberdade a todos. (...)

Perfeito, mas o corretor vai se perguntar o que essa lei de 1789 tem a ver com o Brasil atual. Então, você precisa relacionar o repertório ao problema do tema. Fica assim:

(...) Entretanto, a manipulação promovida pelo controle de dados na internet [= o problema do tema] impede que os usuários da rede experimentem a ideologia libertária proposta pelos iluministas [a marca do repertório]. (...)

Esse recurso se chama RETOMADA, mas falarei disso mais à frente.

- Perceber as "pegadinhas" da coletânea

A coletânea é aquele conjunto de textos que acompanha o tema, e a intenção dela é orientar o candidato na hora de escrever. Para você não se enrolar com ela, veja a seguir 3 regras simples:

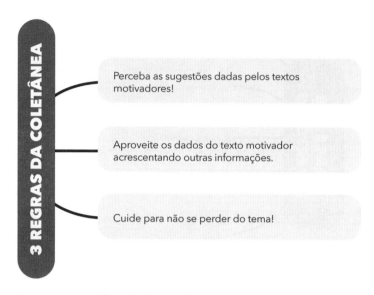

a) Perceba as sugestões dadas pelos textos motivadores!

Quando a banca monta uma coletânea, ela busca os melhores textos para auxiliar os alunos. Portanto, saiba que os textos sempre têm informações valiosas que podem SIM ser utilizadas na redação. Veja um exemplo:

ENEM 2016 | TEMA – Caminhos para combater a intolerância religiosa no Brasil

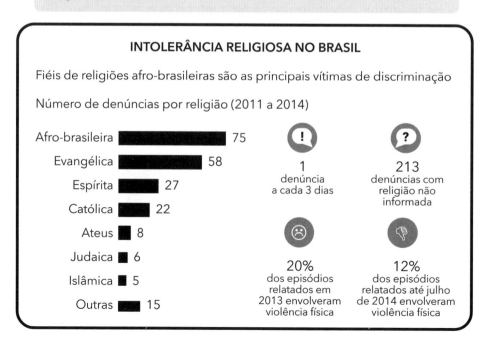

Nesse texto, a Banca sugeriu que:

I. As religiões de matriz africana são as mais afetadas pela intolerância religiosa.

II. As denúncias praticamente não acontecem! Portanto, há muitos mais casos desse crime, mas as pessoas não denunciam.

III. Apenas 20% da intolerância ocorre de forma física. Isso quer dizer que os 80% acontecem de forma escondida, o que dificulta ainda mais o combate.

Você pode usar os dados e as ideias dos textos motivadores, mas com cuidado.

b) **Aproveite os dados do texto motivador acrescentando outras informações.**

Muitos alunos têm esta dúvida:

Profinho, vamos supor que eu estude durante o ano e aprenda uma ideia legal para usar na redação do Enem. Aí, quando eu abro o tema, está na coletânea <u>justamente a ideia que eu queria usar</u>. O que eu faço?

— A minha resposta é: use mesmo assim, mas coloque outras informações que não estejam no texto motivador. Por exemplo:

TEXTO MOTIVADOR	MINHA REDAÇÃO
TEXTO 1	
Em consonância com a Constituição da República Federativa do Brasil e com toda a legislação que assegura a liberdade de crença religiosa às pessoas, além de proteção e respeito às manifestações religiosas, a laicidade do Estado deve ser buscada, afastando a possibilidade de interferência de correntes religiosas em matérias sociais, políticas, culturais etc.	A Constituição Federal de 1988 – norma de maior hierarquia no sistema jurídico brasileiro – assegura a todos a liberdade de crença. Entretanto, os frequentes casos de intolerância religiosa mostram que os indivíduos ainda não experimentam esse direito na prática. Com efeito, um diálogo entre sociedade e Estado sobre os caminhos para combater a intolerância religiosa é medida que se impõe.

c) Cuidado para não se perder do tema!

Presta atenção nesta história: o ENEM 2017 teve como tema "Os desafios para a formação educacional dos surdos no Brasil", mas o texto motivador falava sobre BRAILE e RAMPAS. Veja:

TEXTOS MOTIVADORES

TEXTO I

CAPÍTULO IV
DO DIREITO À EDUCAÇÃO

Art. 27. A educação constitui direito da pessoa com deficiência, assegurados sistema educacional inclusivo em todos os níveis e aprendizado ao longo de toda a vida, de forma a alcançar o máximo desenvolvimento possível de seus talentos e habilidades físicas, sensoriais, intelectuais e sociais, segundo suas características, interesses e necessidades de aprendizagem.

Parágrafo único. É dever do Estado, da família, da comunidade escolar e da sociedade assegurar educação de qualidade à pessoa com deficiência, colocando-a a salvo de toda forma de violência, negligência e discriminação.

Art. 28. Incumbe ao poder público assegurar, criar, desenvolver, implementar, incentivar, acompanhar e avaliar [...]

IV – oferta de educação bilíngue, em Libras como primeira língua e na modalidade escrita da língua portuguesa como segunda língua, em escolas e classes bilíngues e em escolas inclusivas; [...]

XII – oferta de ensino da Libras, do Sistema Braille e de uso de recursos de tecnologia assistiva, de forma a ampliar habilidades funcionais dos estudantes, promovendo sua autonomia e participação.

BRASIL. Lei n° 13.146, de 6 de julho de 2015. Disponível em: www.planalto.gov.br. Acesso em: 9 jun. 2017 (fragmento).

O texto I fala sobre BRAILE e RAMPAS porque é um fragmento da lei sobre Pessoa com Deficiência, que não trata apenas dos indivíduos surdos. Portanto, o aluno precisava filtrar as informações úteis para o tema. Mesmo assim, muitos candidatos falaram sobre o BRAILE e as RAMPAS para os surdos e cometeram o tangenciamento do tema.

Ainda no ENEM 2017, havia esta imagem na coletânea:

Essa imagem induziu muitas pessoas ao erro porque ela fala sobre mercado de trabalho. Todavia, o tema proposto não era sobre mercado de trabalho, mas sobre os desafios do sistema educacional.

Apesar de serem ideias próximas, o mercado de trabalho não poderia ser o foco do texto.

Em 2019, o tema da redação foi "Democratização do acesso ao cinema no Brasil", e um dos textos motivadores falava sobre televisão. Veja ao lado.

O tema da redação era específico aos locais onde são passados os filmes para o público, e não sobre TV.

O tangenciamento – ou a fuga parcial – do tema ocorre quando o candidato se desvia do foco e aborda outros pontos que não estão diretamente ligados à expressão-chave. Em outras palavras, o aluno escreveu sobre o ASSUNTO e não sobre o TEMA especificamente [*nós já trabalhamos essa diferença entre assunto* x *tema nos primeiros capítulos deste Guia*].

Talvez você não saiba, mas o Enem estabelece um limite de notas para os alunos que escrevem sobre o ASSUNTO, e não sobre o tema. Observe esse limite a seguir:

NOTAS	ESCREVER SOBRE O ASSUNTO X SOBRE O TEMA
0	Quem não consegue escrever NEM sobre o assunto. Foge totalmente.
40	Quem foge quase totalmente do tema.
80	**Quem escreve sobre o ASSUNTO pode tirar no máximo 80 pontos na C2.**
120	Quem escreve sobre o tema às vezes, mas se perde.
160	Quem se mantém no tema na maior parte do texto.
200	**Quem escreve sobre o TEMA pode chegar à nota máxima da C2.**

Repertórios aceitos na redação do Enem

O repertório sociocultural é qualquer informação que demonstre conhecimento do autor da redação. Em outras palavras, qualquer ideia relevante sobre o tema poderá ser considerada repertório sociocultural. Vejamos:

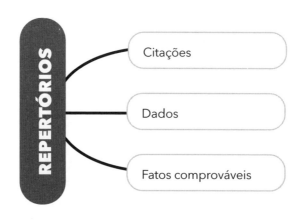

3 regras fundamentais dos repertórios

Agora que você já sabe o que é repertório, entenda que existem REGRAS para usar essas ideias na redação:

a) O que é repertório pertinente?

Repertório pertinente é aquele que tem a ver com o tema. Por exemplo, se o tema da redação for CINEMA, faz sentido falar sobre a criação do primeiro cinema em Hollywood [*esse seria um repertório MUITO pertinente*]. Se o tema fosse cinema e você falasse sobre o acesso à cultura, o repertório também seria pertinente. Agora, se você falasse sobre preconceito, o seu repertório poderia ser considerado como não pertinente.

MUITO PERTINENTE	No ano de 1911, foi construído na Califórnia um local exclusivamente destinado à reprodução de filmes, que lembraria, metonimicamente, o nome do aparelho responsável pela projeção: o cinema.
PERTINENTE	Em 1988, Ulysses Guimarães promulgou a Carta Magna e estabeleceu que o acesso à cultura nacional deveria ser garantido a todos. Entretanto, a ineficiente democratização do cinema mostra que a promessa de Guimarães está distante de ser a realidade no cotidiano moderno.
NÃO PERTINENTE	Em meados do século passado, o escritor austríaco Stefan Zweig mudou-se para o Brasil devido à perseguição nazista na Europa. Bem recebido e impressionado com o potencial da nova casa, Zweig escreveu um livro cujo título é até hoje repetido: "Brasil, país do futuro". Entretanto, quando se observa a falta de acesso aos cinemas no Brasil, percebe-se que a profecia não saiu do papel.

b) O que é repertório legitimado?

O repertório precisa obedecer à regra da informatividade – conceito trabalhado pela professora e linguista Ingedore Villaça, no livro *A coerência textual*. Um repertório que cumpre o requisito da informatividade é aquele que **ensina**, ou seja, traz informações realmente relevantes para que o leitor possa compreender e interpretar adequadamente o que está sendo comunicado.

A Banca Corretora do Enem entende que um repertório será considerado legitimado sempre que ele tiver as "marcas" da qual falamos algumas páginas atrás:

MARCAS DE REPERTÓRIO
- Datas
- Conceitos
- Pesquisas explicadas
- Autoridades
- Nomes de obras
- Eventos históricos
- Referências a matérias da escola
- Leis

Portanto, uma novela transmitida na TV pode ter a mesma relevância de um filósofo grego da Antiguidade, desde que o candidato utilize as marcas:

- Exemplo de repertório – NOVELA

Na produção ficcional "A Dona do Pedaço", a personagem Josiane, que insiste em ser chamada de "Jô", é o retrato de um indivíduo esvaziado de quaisquer valores morais e que busca sempre o benefício próprio. Nesse viés, fora das telas, o comportamento anticívico e antiético de Jô manifesta-se no cotidiano de substancial parcela da sociedade e exige que se desconstruam a crise de civismo e a relativização dos valores.

- Exemplo de repertório – FILOSOFIA

Diante desse cenário, quando Aristóteles classificou o ser humano como um "Animal Político", o filósofo teve a intenção de mostrar que homens e mulheres costumam se relacionar de forma harmônica, a fim de manter sua sobrevivência. Ocorre que o conceito grego não se apresenta como realidade na sociedade contemporânea, em virtude das diversas crises de civismo, como a intolerância racial, os discursos de ódio e a ganância humana. (...)

c) O que é repertório produtivo?

Para ser considerado produtivo, o repertório deve estar claramente relacionado à argumentação desenvolvida pelo candidato. Em outras palavras, a área do conhecimento deve funcionar para defender a tese proposta pelo participante. Portanto, você vai precisar das estratégias de **RETOMADA**.

RETOMADA é quando você se refere intencionalmente ao repertório trabalhado na frase ou no parágrafo anterior do texto. Essa repetição pode ser feita indiretamente (Getúlio Vargas >> Vargas), caso você se sinta à vontade. Veja:

I. Retomada dentro do parágrafo

> Em 1930, o então presidente **Getúlio Vargas** estendeu os benefícios a todas as categorias trabalhistas e afirmou publicamente que o direito à renda deve ser garantido inclusive na velhice. Entretanto, os problemas previdenciários do Brasil contemporâneo fragilizam o projeto de **Vargas**, colocam em risco o direito à aposentadoria aos idosos e exigem esforços para reestruturar o sistema previdenciário.

> De outra parte, o sociólogo **Zygmunt Bauman** defende, na obra "Modernidade Líquida", que o individualismo é uma das principais características — e o maior conflito — da pós-modernidade, e, consequentemente, parcela da população tende a ser incapaz de tolerar diferenças. Esse problema assume contornos específicos no Brasil, onde, apesar do multiculturalismo, há quem exija do outro a mesma postura religiosa e seja intolerante àqueles que dela divergem. Nesse sentido, um caminho possível para combater a rejeição à diversidade de crença é desconstruir o principal problema da pós-modernidade, segundo **Zygmunt Bauman**: o individualismo.

Em primeiro plano, a ausência de fiscalização estatal sobre a coleta de dados representa obstáculo para o progresso do país. A esse respeito, **a Constituição Federal de 1988** prevê, no artigo 3º, o objetivo de garantir o desenvolvimento nacional, de modo a assegurar direitos constitucionais aos indivíduos. Ocorre que o Estado brasileiro se mostra incapaz de garantir, no ambiente virtual, o desenvolvimento proposto pela **Carta Magna**, na medida em que não há legislações que regulem, efetivamente, a coleta de informações feita, muitas vezes, de forma imprópria e escusa. Assim, não é razoável que o Brasil objetive tornar-se nação desenvolvida, segundo a **garantia constitucional**, mas permaneça inerte ao problema do furto de dados pessoais dos brasileiros.

II. Retomada entre os parágrafos

INTRODUÇÃO	Em 1930, o então presidente **Getúlio Vargas** estendeu os benefícios a todas as categorias trabalhistas e afirmou publicamente que o direito à renda deve ser garantido inclusive na velhice. Entretanto, os problemas previdenciários do Brasil contemporâneo fragilizam o projeto de Vargas, colocam em risco o direito à aposentadoria aos idosos e exigem esforços para reestruturar o sistema previdenciário.
CONCLUSÃO	É urgente, portanto, que a iniciativa de **Getúlio Vargas** continue produzindo efeitos no Brasil contemporâneo. Nesse sentido, a sociedade civil (...).

INTRODUÇÃO	A Conferência da Terra de 1992, sediada na cidade do Rio de Janeiro, foi importante para consolidar a política da sustentabilidade baseada em **reduzir, reutilizar e reciclar**. Entretanto, apesar do compromisso firmado em 1992, a população brasileira ainda é indiferente ao futuro do país, atitude que pode colocar em risco o meio ambiente e a biodiversidade.
CONCLUSÃO	(...) a fim de que cada indivíduo desconstrua posturas consumistas. Dessa forma, a nação brasileira será conhecida como sociedade sustentável e passará a **reduzir, reutilizar e reciclar**.

III. Retomada da expressão final da conclusão para ser título

TÍTULO	Guerra não oficial
EXPRESSÃO FINAL	Portanto, o direito à paz e ao bem-estar social devem ser assegurados na prática, como prevê a Declaração Universal dos Direitos Humanos. Nesse sentido, o Ministério Público Federal deve propor o fim dos autos de resistência e fiscalizar a atividade policial, por meio de ações judiciais contra ilegalidade e abuso de poder da PM. (...) Dessa forma, seria garantido o Estado Democrático de Direito e combatida, no Brasil, a **guerra não oficial**.

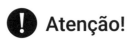

Atenção!

O título não é obrigatório na redação do Enem; portanto, talvez não faça sentido gastar sua linha e sua energia com ele.

Evite parágrafos sem retomada

SEM RETOMADA	Diante desse cenário, parcela dos brasileiros se mostra contrária aos métodos de prevenção, o que representa grave problema social. A esse respeito, em 1904, o médico sanitarista **Oswaldo Cruz** instituiu a vacinação obrigatória, cujo objetivo era evitar a resistência popular aos métodos preventivos. Ocorre que a sociedade brasileira comete o equívoco da rejeição a vacinas, capaz de motivar o reaparecimento de doenças, a exemplo do sarampo e da rubéola. Com efeito, não é razoável que a nação seja indiferente à cobertura vacinal e conviva com enfermidades outrora erradicadas.
COM RETOMADA	Diante desse cenário, parcela dos brasileiros se mostra contrária aos métodos de prevenção, o que representa grave problema social. A esse respeito, em 1904, o médico sanitarista **Oswaldo Cruz** instituiu a vacinação obrigatória, cujo objetivo era evitar a resistência popular aos métodos preventivos. Ocorre que, **mais de cem anos depois**, a sociedade brasileira reproduz o mesmo equívoco do **início do século passado**: a rejeição a vacinas, capaz de motivar o reaparecimento de doenças, a exemplo do sarampo e da rubéola. Com efeito, não é razoável que a nação seja indiferente à cobertura vacinal conquistada por **Oswaldo Cruz** e volte a conviver com enfermidades outrora erradicadas.

Palavras que ajudam a fazer retomadas

Denunciado	Proposto
Repudiado	Orientado
Conquistado	Experimentado
Combatido	Segundo
Verificado	Projeto de
Previsto	Descrito
Definido	Tal como
Expresso	Detalhado

Como demonstrar domínio da estrutura do texto

A Competência 2 espera que você escreva uma redação dentro da estrutura clássica da dissertação:

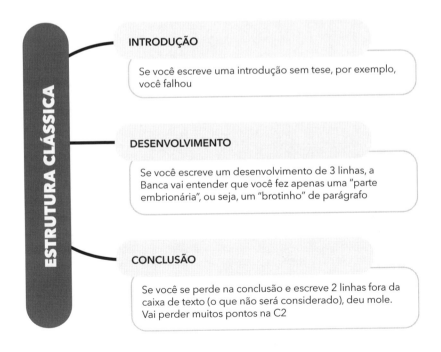

Capítulo 16
Gabaritando a Competência 3

Como gabaritar a Competência 3?

A Competência 3 é uma das mais exigentes e, talvez, a mais temida pelos candidatos. Muitos dizem que a C3 é **subjetiva**, porque avaliar a argumentação de um aluno não é uma tarefa tão objetiva quanto identificar um desvio gramatical, por exemplo. No entanto, a Banca Corretora sistematizou a correção dessa competência para deixá-la o mais justa possível.

Para facilitar a sua vida, vou organizar este capítulo no formato de tutorial, com 7 passos bem objetivos para você seguir. Veja no mapa e depois falarei sobre cada passo:

200 NA C3

FAÇA UM PROJETO DE TEXTO ESTRATÉGICO

1. Selecione dois argumentos que tenham relação com o tema

2. Antecipe os dois argumentos na última linha da introdução

3. Organize os argumentos nos seus devidos parágrafos de desenvolvimento

4. Solucione cada argumento na proposta

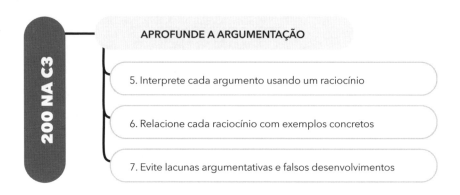

Antes de trabalharmos os passos para gabaritar a C3, vamos ver como ela é corrigida.

COMPETÊNCIA 3 – MATRIZ DE REFERÊNCIA	
Selecionar, relacionar, organizar e interpretar informações, fatos, opiniões e argumentos em defesa de um ponto de vista	
NA REDAÇÃO, O CANDIDATO...	**PONTOS**
Apresenta informações, fatos e opiniões não relacionados ao tema e sem defesa de um ponto de vista.	0
Apresenta informações, fatos e opiniões pouco relacionados ao tema ou incoerentes e sem defesa de um ponto de vista.	40
Apresenta informações, fatos e opiniões relacionados ao tema, mas desorganizados ou contraditórios e limitados aos argumentos dos textos motivadores, em defesa de um ponto de vista.	80
Apresenta informações, fatos e opiniões relacionados ao tema, limitados aos argumentos dos textos motivadores e pouco organizados, em defesa de um ponto de vista.	120
Apresenta informações, fatos e opiniões relacionados ao tema, de forma organizada, com indícios de autoria, em defesa de um ponto de vista.	160
Apresenta informações, fatos e opiniões relacionados ao tema proposto, de forma consistente e organizada, configurando autoria, em defesa de um ponto de vista.	200

E você deve estar se perguntando:

— Beleza, mas como os corretores vão conseguir alinhar a correção da argumentação, se isso varia de pessoa para pessoa?

A Banca pensou nisso e chegou a um mapa mental super organizado que padroniza a correção da Competência 3:

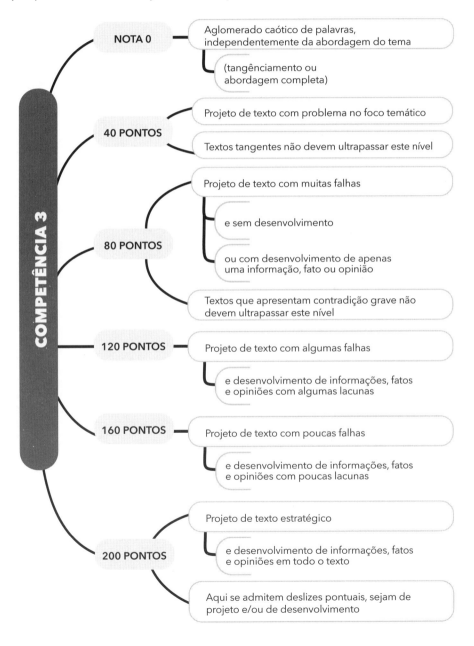

7 passos práticos para gabaritar a Competência 3

PASSO 1 – Selecione dois argumentos que tenham relação com o tema.

a) Faça uma análise do tema e pergunte-se: qual é o maior problema a ser discutido? Caso você não consiga encontrar problemas nos temas, volte no capítulo do Planejamento CDA, no qual detalho mais esse ponto.

Exemplo: vamos supor que o tema do Enem seja "A importância do consumo consciente de açúcar entre os brasileiros".

Apesar de a frase começar com a palavra IMPORTÂNCIA, existe um problema implícito: o brasileiro consome açúcar de forma excessiva e irresponsável, entendeu?

b) Agora, escolha dois argumentos da lista do DEMOAI que estejam relacionados ao problema central do tema:

Pensando no tema do açúcar, você poderia fazer desta forma:

PASSO 2 – Antecipe os dois argumentos na última linha da introdução.

a) Escolha uma das estruturas de antecipação argumentativa e inclua seus argumentos na frase:

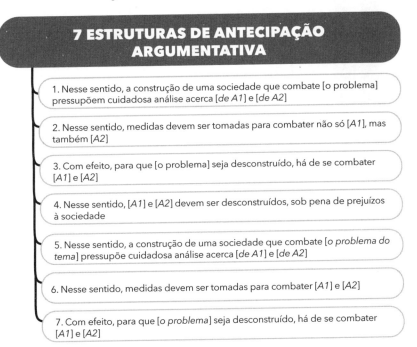

Bora escolher a estrutura número 6:

6. Nesse sentido, medidas devem ser tomadas para combater os antigos comportamentos de consumo irresponsável do açúcar [= A1] e a omissão do Estado [= A2].

PASSO 3 – Organize os argumentos nos seus devidos parágrafos do desenvolvimento.

a) Você vai desenvolver o argumento 1 no primeiro parágrafo do desenvolvimento (D1). O argumento 2 será desenvolvido no segundo parágrafo de desenvolvimento (D2).

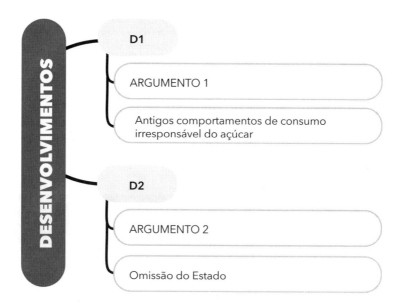

b) Caso você proponha uma ordem na antecipação argumentativa, mas não obedeça a essa organização nos desenvolvimentos, ocorrerá a quebra do paralelismo argumentativo e você poderá perder pontos na Competência 3.

PASSO 4 – Solucione cada argumento na proposta de intervenção.

a) Assuma a responsabilidade de propor uma melhoria para o A1 [*antigos pensamentos*] e para o A2 [*omissão do Estado*]. Para isso, eu montei a seguinte estrutura:

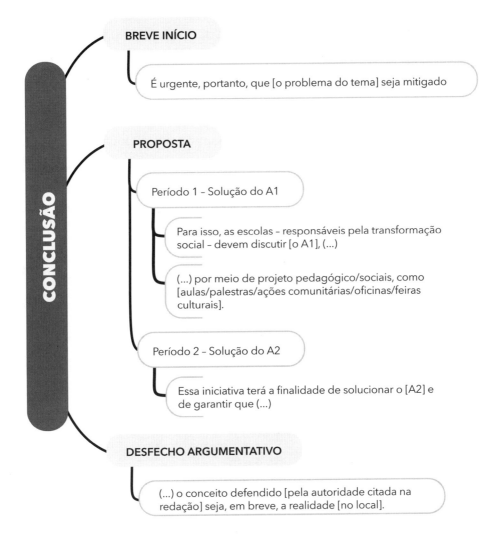

b) A partir dessa estrutura, você solucionará o A1 na ação e o A2 na finalidade. Basicamente, ficará assim:

- Solução do ARGUMENTO 1.
- Solução do ARGUMENTO 2.

[...] Para isso, as escolas – responsáveis pela transformação social – devem discutir os antigos comportamentos de consumo irresponsável do açúcar, por meio de projetos pedagógicos, como aulas e ações comunitárias que desconstruam a influência histórica desse ingrediente na mesa do brasileiro. Essa iniciativa terá a finalidade de mobilizar o Estado [...]

> Concluídos esses 4 passos iniciais, você já garante um projeto de texto digno da nota máxima na Competência 3. Porém, agora, você precisará se concentrar no aprofundamento do argumento dentro do parágrafo. Bora ver!

PASSO 5 – Interprete cada argumento usando um raciocínio.

a) Aqui você começará a desenvolver o parágrafo do desenvolvimento, certo? Então, precisará desenvolver o tópico frasal e a fundamentação, como eu ensinei nos capítulos anteriores – caso você não saiba do que estou falando, consulte os Capítulos 7 a 10.

DESENVOLVIMENTO

TÓPICO FRASAL
Diante desse cenário, o antigo comportamento de consumo de açúcar motiva o seu consumo excessivo pelo brasileiro

FUNDAMENTAÇÃO
A esse respeito, durante o Período Colonial, com o crescimento da produção e a disponibilidade desse ingrediente, o açúcar se tornou um produto mais acessível e, consequentemente, mas presente no cardápio da população

APROFUNDAMENTO ARGUMENTATIVO
(calma, já vamos nos concentrar aqui)

REFLEXÃO CRÍTICA
(isso aqui é muito fácil, você vai ver)

b) Comece o aprofundamento argumentativo aplicando um raciocínio lógico que tenha relação com aquilo que você já escreveu. Não é uma tarefa fácil, mas eu vou te ajudar. Após selecionar o seu argumento e desenvolver minimamente um repertório pertinente, você precisa se perguntar:

– Qual é o meu objetivo agora?

Existem 4 objetivos argumentativos básicos dentro de uma argumentação que te ajudam a selecionar os melhores raciocínios. Veja a seguir:

- OBJETIVO 1 – Comentar uma alusão histórica.
- OBJETIVO 2 – Mostrar que alguém perdeu direitos.
- OBJETIVO 3 – Comentar a teoria de um filósofo.
- OBJETIVO 4 – Comentar uma série.

Bora detalhar cada objetivo argumentativo:

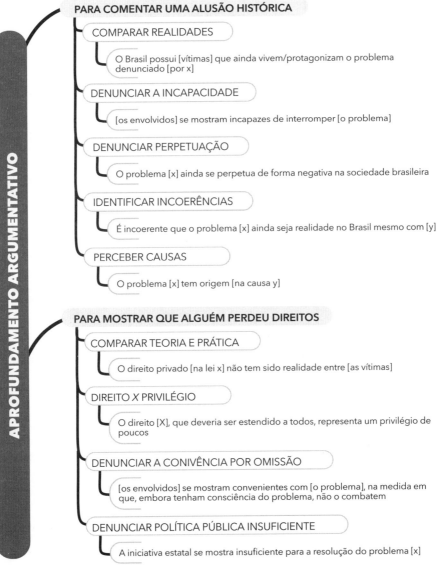

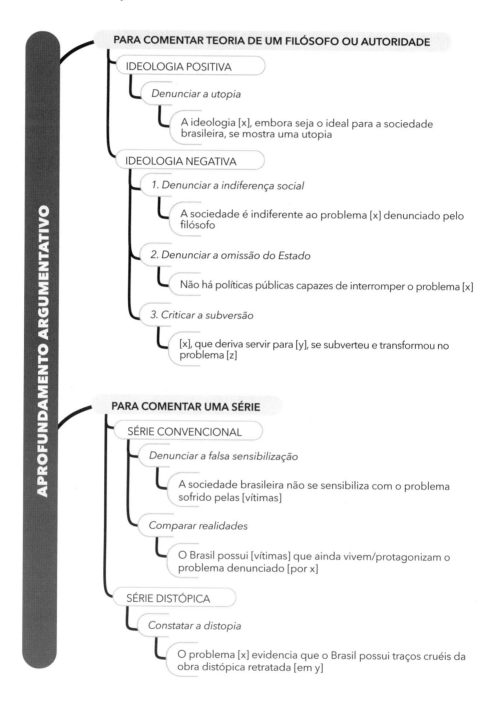

c) Agora que você já conhece os objetivos argumentativos, bora escolher o que melhor se encaixa com a fundamentação do exemplo que estamos desenvolvendo aqui:

Cap. 16 • GABARITANDO A COMPETÊNCIA 3   153

DESENVOLVIMENTO

TÓPICO FRASAL

Diante desse cenário, o antigo comportamento de consumo de açúcar motiva o seu consumo excessivo pelo brasileiro

FUNDAMENTAÇÃO

A esse respeito, durante o Período Colonial, com o crescimento da produção e a disponibilidade desse ingrediente, o açúcar se tornou um produto mais acessível e, consequentemente, mas presente no cardápio da população

APROFUNDAMENTO ARGUMENTATIVO

(eu decidi comentar alusão histórica e vou utilizar o raciocínio denunciar perpetuação)

Nesse sentido, a supervalorização do açúcar, iniciada no colonialismo, ainda se perpetua de forma negativa na sociedade brasileira e acarreta prejuízos à saúde

REFLEXÃO CRÍTICA

(isso aqui é muito fácil, você vai ver)

d) Explicarei melhor o raciocínio com os exemplos a seguir.

APROFUNDAMENTO ARGUMENTATIVO

(eu decidi comentar a alusão histórica e vou utilizar o raciocínio denunciar perpetuação)

Nesse sentido, a supervalorização do açúcar, iniciada no colonialismo, ainda se perpetua de forma negativa na sociedade brasileira e acarreta prejuízos à saúde

(a seguir, vou dar exemplos desses prejuízos)

haja vista o desenvolvimento de doenças, como diabetes e obesidade – intimamente relacionadas ao consumo de doces e de açúcar refinado

PASSO 6 – Desenvolva as ideias que sejam relevantes para a sua crítica

Em uma redação, é esperado que você inclua várias informações, mas nem todas precisam ser explicadas – do contrário, você terá um texto infinito. A Banca espera que você desenvolva apenas as informações que sejam relevantes para a sua crítica.

Por exemplo, no tema "Meios para garantir a dignidade da pessoa refugiada no Brasil", você poderá defender que, embora a lei garanta igualdade de direitos entre brasileiros e pessoas refugiadas residentes no País, esses benefícios não são efetivamente garantidos – essa será a sua crítica.

O Inep espera que você mostre qual direito é fundamental para a vida digna da pessoa refugiada, porque essa ideia é importante para que a sua crítica faça sentido. Precisa dizer de qual país a pessoa está fugindo? Não, porque isso não importa.

PASSO 7 – Evite lacunas argumentativas e falsos desenvolvimentos.

a) Agora você tem que garantir que o seu exemplo foi suficientemente satisfatório e que você não explicou a mesma coisa com outras palavras – do contrário, vai acontecer a lacuna argumentativa ou o falso desenvolvimento.

b) Se você não identificou problemas no seu aprofundamento, pode escolher alguma reflexão crítica que tenha relação com o que você está desenvolvendo.

Como criar bons raciocínios lógicos para o desenvolvimento

Raciocínios lógicos são formas de pensar já determinadas anteriormente. Ou seja, o seu pensamento [*ou raciocínio*] é guiado por uma lógica – daí o nome raciocínio lógico.

Eu separei 30 raciocínios e vou ensiná-los a seguir.

1. Comparar teoria e prática

Você vai olhar para o problema e perceber que ele já deve ter alguma solução prevista em lei ou em algum documento. Todavia, o problema acontece mesmo assim, mostrando que existe uma diferença entre expectativa x realidade, entre teoria x prática.

> **Exemplo 1** – A coleta velada (escondida) é proibida pelo Marco Civil da Internet, mas ainda é a realidade no Brasil.
>
> **Exemplo 2** – Os tratados internacionais de direitos humanos, como a Convenção Interamericana para Prevenir e Punir a Tortura, assinados pelo Brasil há mais de 30 anos, determinam que o Estado é responsável por mitigar a hostilidade social. Todavia, o conteúdo do documento ainda não é uma realidade na prática, haja vista os constantes casos de violência, da qual as chacinas em Paraisópolis e Jacarezinho são cruéis exemplos.

2. Perceber causas

Tudo tem causa, beleza? Portanto, esse tipo de raciocínio se aplica para TODOS os assuntos, sem exceção. Você vai olhar para o problema tentando encontrar a origem dele ou o motivo que leva a sua repetição constante. O que pode ser um fato isolado, uma cultura etc.

> *Observação:*
> O simples uso do raciocínio da causa pode não ser suficiente para garantir uma argumentação consistente, já que o seu texto pode ficar narrativo. Para que isso não aconteça, combi-

ne o raciocínio da causa ao raciocínio da consequência ou da perpetuação.

Exemplo 1 – O controle de dados na internet é motivado pelo interesse econômico e político, que busca a manipulação dos usuários, seja para aferir lucros, seja para orientar ideologias.

Exemplo 2 – A cultura de hostilidade enraizada na Polícia Militar brasileira pode ter origem na criação do Código Penal de 1940, que protegia os agentes de segurança e lhes dava autonomia para preservar a pseudossensação de paz a qualquer custo.

3. Prever consequências

Tudo que tem causa também tem consequência, beleza? Portanto, esse tipo de raciocínio também se aplica a TODOS os assuntos, sem exceção. Você vai olhar para o problema e mostrar quais outros problemas podem acontecer depois. Essa lista de consequências deixará o problema inicial ainda mais grave.

Observação:

O raciocínio da consequência pode completar o raciocínio da causa. Então, teremos um raciocínio lógico composto chamado causa-consequência.

Exemplo 1 – A manipulação dos usuários por meio do controle dos seus dados na internet fragiliza a liberdade de escolha dos indivíduos e tem consequências nocivas a toda a sociedade.

Exemplo 2 – A cultura de violência policial iniciada em 1940 pode acarretar graves consequências, a exemplo das constantes chacinas experimentadas pela população da periferia de São Paulo, em Paraisópolis.

4. Identificar incoerências

Particularmente, esse é o tipo de raciocínio de que eu mais gosto. Identificar incoerências é perceber coisas que não fazem sentido no Brasil. Por exemplo, não faz sentido que a internet tenha sido criada para potencializar a liberdade das pessoas, mas seja uma ferramenta de controle, compreende? Nem sempre vai ser possível aplicar esse raciocínio, mas, se você conseguir, será uma boa argumentação.

> **Exemplo 1** – É contraditório que os indivíduos modernos tenham como principal característica a liberdade de escolha, mas tenham seu comportamento manipulado pelo controle de dados na internet.
>
> **Exemplo 2** – A cultura de violência se mostra incoerente em uma nação como o Brasil, conhecida pelo comportamento amistoso do brasileiro.

5. Propor soluções

Você pode trazer soluções dentro dos seus desenvolvimentos, apesar de não ser muito bem-visto por grande parte dos avaliadores. Na verdade, o ideal é que você concentre suas propostas de intervenção na conclusão, mas, se faltarem ideias, faça pequenas propostas, como esta:

> **Exemplo** – O desenvolvimento de senso crítico por parte dos usuários da rede é importante para coibir grandes empresas e autoridades estatais que coletam dados na internet.

6. Denunciar a indiferença social

Você pode afirmar que a sociedade não se preocupa com o problema do tema, ou seja, as pessoas costumam ser indiferentes à discussão. Você mostrará que a população brasileira sabe que o problema está acontecendo, mas ninguém está ligando.

> **Exemplo 1** – Os usuários da internet compartilham e consomem conteúdo sem buscar a fonte e sem verificar se seus dados estão sendo coletados contra a sua vontade.
>
> **Exemplo 2** – A população urbana, principalmente aquela que detém o poder econômico, mostra-se indiferente à violência cometida pela Polícia Militar, justamente porque esse problema não a afeta diretamente.

7. Denunciar a perpetuação

Você pode dizer que a sociedade tem um problema histórico, mas que não ficou apenas no passado: ele se perpetua na contemporaneidade. Esse raciocínio é muito parecido com o da consequência e combina muito com o da causa. Você pode introduzir esse raciocínio usando os conectivos **de modo que** e **de sorte que**.

> **Exemplo 1** – Na Idade Média, a Igreja era a única detentora do conhecimento e usava escrituras bíblicas para controlar e manipular a sociedade. Todavia, mesmo depois de séculos, esse problema se perpetua na contemporaneidade, mas sob outra forma: os indivíduos passaram a ser controlados na internet.
>
> **Exemplo 2** – O excesso e o desvio de poder da Polícia Militar têm origens históricas, criam uma cultura de hostilidade, de modo que esse comportamento se perpetua na sociedade contemporânea.

8. Enfatizar a crueldade humana

Você pode dizer que a sociedade é cruel, o que deixa o problema mais grave do que ele é.

> **Exemplo 1** – A manipulação do comportamento do usuário assume contornos ainda mais graves, já que os dados podem ser monitorados por interesses cruéis, a exemplo de organizações criminosas ou pelo poder paralelo.
>
> **Exemplo 2** – As agressões cometidas pela Polícia Militar evidenciam que parcela dos agentes se mostra violenta e cruel, e essa maldade se manifesta nas chacinas e no excesso de poder praticado por alguns agentes da pseudossegurança.

9. Direito *x* privilégio

Você pode dizer que a sociedade tem um direito X, mas apenas uma parcela da população consegue, de fato, usufruir dele. Quando isso ocorre, na verdade, há um privilégio de poucos – e não um direito de todos.

> **Exemplo 1** – O direito à privacidade e ao sigilo dos dados dos indivíduos deveria ser um direito de todos, mas, no Brasil, trata-se de um privilégio.
>
> **Exemplo 2** – A segurança urbana, da qual os policiais são responsáveis, deveria ser um direito de todos, mas, na verdade, representa um privilégio de poucos.

10. Denunciar a omissão do Estado

Você pode dizer que o Estado não se posiciona como deveria para preservar os direitos e garantias individuais e coletivas. Você mostrará que o problema está acontecendo, mas o Estado não toma iniciativa para resolvê-lo. Esse raciocínio tem muito a ver com o da denúncia da incapacidade e o da conivência por omissão, que veremos mais à frente.

> **Exemplo 1** – A privacidade e o sigilo dos dados dos indivíduos deveriam ser preservados pelo Estado; todavia, as autoridades públicas se omitem acerca desse problema.
>
> **Exemplo 2** – O Poder Público brasileiro tem se mostrado omisso no controle da violência urbana e tem permitido a prevalência do excesso de poder da polícia, ainda que por omissão.

11. Criticar a subversão

Você pode dizer que X foi criado para beneficiar as pessoas, mas X acaba justamente prejudicando as pessoas. Você vai olhar para o assunto e mostrar que, inicialmente, uma coisa foi criada para o bem, mas ela acabou causando um problema. Nem sempre é possível aplicar esse raciocínio, mas vale a pena tentar. Lembre-se de que "as melhores ideias são as perigosas" (Filipe Ret).

> **Exemplo 1** – As redes sociais foram idealizadas para ampliar o direito à liberdade de expressão e de comunicação. Todavia, elas foram subvertidas e, na contemporaneidade, as mídias funcionam para controlar os dados dos indivíduos e conduzir as suas escolhas.
>
> **Exemplo 2** – Embora tenha sido criada para proteger a população, a Polícia Militar se mostra hostil e violenta. Esse comportamento evidencia que a função original da PM foi subvertida.

12. Constatar a distopia

Você pode citar um repertório que trate de uma distopia – como a obra de George Orwell ou séries do tipo *Black Mirror*. Depois, diga que a sociedade está vivenciando aquela realidade distópica [*bizarra*]. Distopia é uma realidade absurda, tipo um Apocalipse. Esse raciocínio depende de uma comparação com um filme ou um livro distópico. Você vai mostrar que a nossa sociedade tem traços daquela distopia que você viu no livro ou no filme.

> **Exemplo 1** – George Orwell, em sua obra "1984", cria uma obra distópica em que as pessoas são constantemente vigiadas e manipuladas pelas teletelas. Todavia, a sociedade contemporânea também se vê controlada pelas novas teletelas: "os smartphones". Orwell não viveu para ver sua distopia fazer sentido.
>
> **Exemplo 2** – A obra "1984", de George Orwell, descreve uma realidade distópica em que a polícia local é corrupta e extremamente violenta com a população. O Brasil, por sua vez, compartilha traços da distopia de Orwell, na medida em que a Polícia Militar também é manchada por agentes corruptos e hostis.

13. Criticar a manipulação

Você pode constatar que os indivíduos não têm liberdade de escolha porque são manipulados pela mídia ou pelo Estado. Você relevará que a população acaba sendo influenciada a fazer alguma coisa ou está sendo manipulada por alguém. Nem sempre será possível usar, mas vale a pena tentar.

> **Exemplo 1** – Os indivíduos que incluem seus dados em aplicativos e clicam em "aceitar termos" sem ler os contratos dos sites podem ser alvo da manipulação e do controle dos seus dados. Na sequência, a mídia poderá estimular o seu comportamento de compra e persuadir homens e mulheres a consumir produtos a partir da falsa impressão da liberdade de escolha.
>
> **Exemplo 2** – Desde a infância, a população brasileira convive com a violência e se habitua a ela. Inevitavelmente, o indivíduo, ainda que não perceba, pode ser influenciado a ter atitudes de hostilidade em função do contexto em que vive.

14. Constatar a dignidade humana fragilizada

Você vai mostrar que o problema está afetando a dignidade humana das pessoas, seja das vítimas, seja da população toda. Fica muito bom esse raciocínio e é bem fácil de aplicar.

> **Exemplo 1** – Quando o Estado controla os dados dos indivíduos, ocorre a fragilidade da liberdade de expressão do indivíduo e, consequentemente, a sociedade perde também sua dignidade.

> **Exemplo 2** – A violência extrema presente nas periferias brasileiras fragiliza a dignidade humana dos moradores e de toda a população, que convive diariamente com a sensação de insegurança.

15. Denunciar o círculo vicioso

Você pode mostrar que o problema se repete e fica pior. Você evidenciará que o problema está acontecendo de uma forma cíclica e que só vai piorando. Nem sempre será possível aplicar esse raciocínio, mas, quando for possível, vai ser lindo.

> *Observações:*
> - Não confunda círculo vicioso com perpetuação do problema. No círculo vicioso, há perpetuação do problema de forma cíclica, sempre voltando para o início, mas de forma mais grave – daí vem o nome CÍRCULO.
> - Não é certa a expressão ciclo vicioso.
> - Você tem que mostrar o círculo, mas tente não repetir palavras.
> - O círculo vicioso pode ganhar um "sobrenome", como círculo vicioso de violência, círculo vicioso de escassez, círculo vicioso de maldade etc.
> - Se o círculo for algo BOM, você deve chamar de CÍRCULO VIRTUOSO.
>
> **Exemplo 1** – Os indivíduos têm seus dados controlados pela mídia, que, por sua vez, fabrica conteúdos que são capazes de manipular ainda mais a população. Esse processo representa um círculo vicioso, em que o mais prejudicado é o usuário.
>
> **Exemplo 2** – A maldade praticada pelos policiais militares nas ruas ativa o senso de crueldade dos criminosos. Estes, por sua vez, respondem com hostilidade, o que motiva ainda mais agressividade por parte dos PMs. Assim se instaura o círculo vicioso de violência urbana.

16. Evidenciar um problema

Esse raciocínio é o mais simples de ser colocado em prática. Basta você mostrar que existe um problema grave e cruel em torno do tema.

Esse raciocínio serve para vários temas e pode ser facilmente combinado com outros raciocínios.

> **Exemplo 1** – O controle de dados promovido pelas empresas e pela mídia representa uma manobra cruel e que pode trazer prejuízos irreparáveis para a sociedade contemporânea.
>
> **Exemplo 2** – A truculência da polícia militar brasileira representa um grave problema e pode afetar não só a população carente, mas aquela detentora do poder econômico.

17. Interesse público x anseios particulares

Você pode mostrar que os governantes deveriam se preocupar com o bem-estar dos indivíduos, mas, na verdade, eles estão preocupados com o próprio bem-estar. Você também pode mostrar que as pessoas acham que os recursos públicos fazem parte do seu patrimônio particular. Isso tem muito a ver com o "jeitinho brasileiro", que motiva a corrupção.

> **Exemplo 1** – O Poder Público deveria resguardar a liberdade de expressão e o sigilo dos dados da população. Todavia, são justamente as autoridades que coletam as informações dos indivíduos para moldar o discurso político e facilitar a persuasão.
>
> **Exemplo 2** – Alguns policiais maculam a imagem da Polícia Militar ao se apropriar dos recursos da população. Assim, em vez de proteger o coletivo, os agentes antiéticos usam a coletividade para benefício próprio.

18. Denunciar postura excludente

Mostre que alguém está sendo excluído de viver algum direito por causa do problema que está acontecendo.

> **Exemplo** – A população que vive em periferias e em comunidades se mostra excluída do direito à segurança e ao bem-estar.

19. Denunciar política pública insuficiente

Mostre que alguém está sendo excluído de viver algum direito por conta do problema que está acontecendo.

> **Exemplo** – Embora haja políticas públicas de combate à criminalidade, elas ainda são insuficientes para reprimir a hostilidade urbana.

20. Criticar a romantização dos problemas sociais

Mostre que deram um nome novo para um problema antigo. Nem sempre dá para encontrar esse raciocínio, mas tente.

> **Exemplo** – O conceito de narcomilícia representa, na verdade, um nome novo para um problema antigo: o poder paralelo.

21. Denunciar a falsa sensibilização

Mostre que a sociedade brasileira se sensibiliza com filmes que ilustram o problema, mas ignora esse mesmo problema quando ele ocorre na realidade.

> **Exemplo** – Os brasileiros ficam indignados com a corrupção denunciada nas produções ficcionais como "Tropa de Elite", mas são indiferentes com os casos reais de policiais antiéticos que mancham a imagem da Polícia Militar.

22. Denunciar a impunidade

Você evidenciará que alguém está fazendo algo de errado, mas não está recebendo a punição. Esse raciocínio pode ser o gatilho para o círculo vicioso de impunidade: se a pessoa comete um crime, mas não recebe punição, ela poderá cometer outros crimes mais graves.

> **Exemplo** – Substancial parcela da polícia brasileira comete desvio e abuso de poder, mas quem avalia esses crimes são justamente os próprios policiais. Todavia, a ausência de punição contribui para a impunidade daqueles que maculam a imagem da corporação.

23. Denunciar a subserviência social

Você vai mostrar que a permanência do problema afeta a população de forma tão grave que faz com que muitos estejam submissos. Esse é o problema da subserviência da população.

> **Exemplo** – As pessoas refugiadas que vivem no Brasil são excluídas de direitos básicos, como documentação, renda e trabalho, o que subjuga essa população à opressão extrema.

24. Anunciar o caos

Você mostrará que a situação já saiu do controle e está o caos. Tenha cuidado para não ser informal na hora de desenvolver esse raciocínio.

> **Exemplo** – Substancial parcela da polícia brasileira comete desvio e abuso de poder, mas quem avalia esses crimes são justamente os próprios policiais. Esse problema promove um estado de calamidade, que pode levar a sociedade a situações cada vez mais caóticas.

25. Denunciar a escassez extrema

Existe um problema chamado síndrome da escassez. Quando a pessoa convive com a falta de recursos, ela pode ser influenciada a tomar atitudes ruins, como a violência.

> **Exemplo** – A falta de recursos e a carência extrema pelas quais passam muitas crianças brasileiras podem motivá-las a defender as próprias vidas e os próprios interesses por meio da violência.

26. Denunciar postura inconsequente

Você vai mostrar que a população faz coisas erradas, mas não está atenta para as consequências que podem surgir.

> **Exemplo** – A população que se corrompe por meio do pagamento de propinas se mostra inconsequente, já que a corrupção cria um ambiente em que os agentes de segurança passarão a exigir benefícios extraoficiais para desempenhar suas funções.

27. Denunciar a utopia

Você vai apresentar um cenário perfeito e, depois, deixar claro que estamos muito distantes de viver isso.

> **Exemplo** – Os constantes casos de violências nas periferias e comunidades urbanas mostram que a sociedade livre, justa e solidária representa uma utopia no Brasil.

28. Perceber a gradação

Esse recurso acontece quando você coloca 3 palavras lado a lado seguindo a gradação, da menos grave para a mais grave.

> **Exemplo** – Os brasileiros são escravos de um novo tipo: vivem em estado constante de violência iminente, e a polícia que deveria protegê-los é a que agride, tortura e mata.

29. Denunciar a incapacidade

Mostre que alguém está sendo incapaz de fazer algo.

> **Exemplo** – Substancial parcela da população brasileira se mostra incapaz de valorizar os direitos humanos.

30. Denunciar a conivência por omissão

Mostre que, quando alguém se omite a um problema, ele se torna cúmplice desse problema, ainda que não queira. O nome desse fenômeno é conivência (cumplicidade) por omissão.

> **Exemplo** – Os indivíduos que presenciam as atitudes agressivas da polícia, mas não buscam interrompê-las, tornam-se cúmplices desse crime, ainda que por omissão.

31. Denunciar a conveniência

Mostre que pode fazer sentido para alguém que o problema esteja acontecendo. A manutenção disso pode ser conveniente.

> **Exemplo** – Substancial parcela da polícia brasileira comete desvio e abuso de poder, mas quem avalia esses crimes são

justamente os próprios policiais. Logicamente, é conveniente que os agressores não sejam culpados porque todos fazem parte da corporação.

Escolhi a reflexão crítica número 3 e ficou assim o parágrafo:

7 REFLEXÕES CRÍTICAS

1. Não é razoável que [o problema] permaneça em um país que almeja tornar-se nação desenvolvida.

2. Enquanto [o problema] se mantiver, o Brasil será obrigado a conviver com um dos mais graves problemas para [as vítimas]: [consequência].

3. Enquanto [o problema] for a regra, [a solução] será a exceção.

4. Enquanto [o problema] for sinônimo de assunto silenciado, haverá [consequência].

5. É incoerente que haja [o problema] em uma nação multicultural como o Brasil.

6. É contraditório que, mesmo sendo nação pós-moderna, [o problema] ainda seja realidade no Brasil.

7. [o problema] inviabiliza [o direito] e coloca em risco o desenvolvimento nacional.

DESENVOLVIMENTO

TÓPICO FRASAL

Diante desse cenário, o antigo comportamento de consumo de açúcar motiva o seu consumo excessivo pelo brasileiro

FUNDAMENTAÇÃO

A esse respeito, durante o Período Colonial, com o crescimento da produção e a disponibilidade desse ingrediente, o açúcar se tornou um produto mais acessível e, consequentemente, mais presente no cardápio da população

APROFUNDAMENTO ARGUMENTATIVO

Nesse sentido, a supervalorização do açúcar, iniciada no colonialismo, ainda se perpetua de forma negativa na sociedade brasileira e acarreta prejuízos à saúde

Haja vista o desenvolvimento de doenças, como diabetes e obesidade - intimamente relacionadas ao consumo de doces e de açúcar refinado

REFLEXÃO CRÍTICA

Assim, enquanto o uso desmensurado desse ingrediente for a regra, a preservação da saúde pública será a exceção

Capítulo 17
Gabaritando a Competência 4

Como gabaritar a Competência 4?

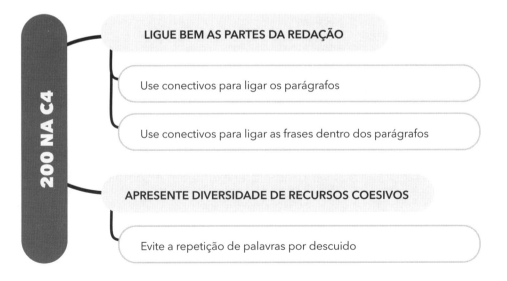

Antes de analisarmos os tópicos para gabaritar a C4, vamos ver como ela é corrigida.

COMPETÊNCIA 4 – MATRIZ DE REFERÊNCIA

Demonstrar conhecimento dos mecanismos linguísticos necessários para a construção da argumentação

NA REDAÇÃO, O CANDIDATO...	PONTOS
Não articula as informações.	0
Articula as partes do texto de forma precária.	40
Articula as partes do texto de forma insuficiente, com muitas inadequações, e apresenta repertório limitado de recursos coesivos.	80
Articula as partes do texto de forma mediana, com inadequações, e apresenta repertório pouco diversificado de recursos coesivos.	120
Articula as partes do texto, com poucas inadequações, e apresenta repertório diversificado de recursos coesivos.	160
Articula bem as partes do texto e apresenta repertório diversificado de recursos coesivos.	200

Para facilitar a sua vida, mostrarei exatamente como é a cabeça do corretor na hora de avaliar a Competência 4 da redação do Enem:

Cap. 17 • GABARITANDO A COMPETÊNCIA 4

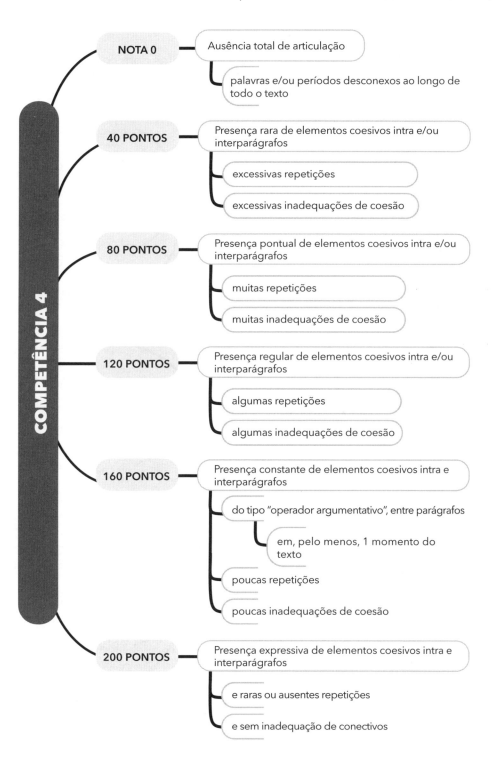

1. Use conectivos para ligar os parágrafos

A Banca exige que você inicie seus parágrafos com conectivos, com exceção da introdução. Segue a lista de conectivos:

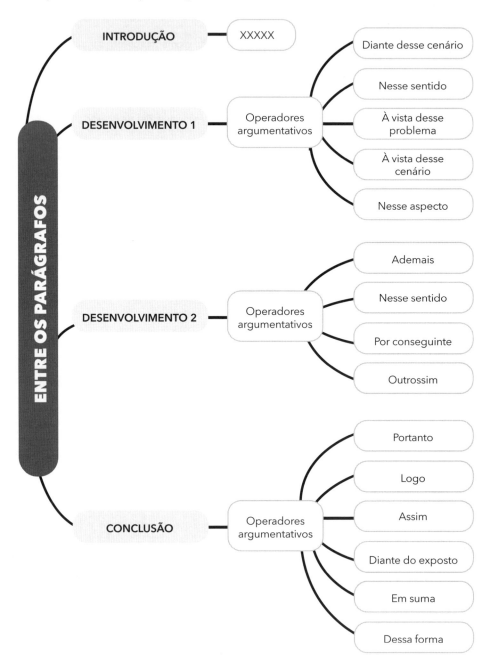

2. Use conectivos para ligar as frases dentro dos parágrafos

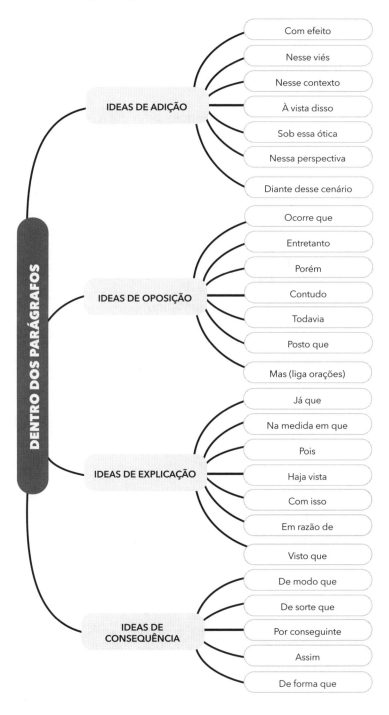

3. Evite a repetição de palavras por descuido

O simples fato de haver repetição de palavras em um texto não desconta pontos da C4, ok? Existem algumas palavras que naturalmente são mais comuns, e essa repetição é aceita:

- Repetição de palavras-chave e comandos expressos do tema

> Exemplo: A reforma da **previdência** seria útil à população e solucionaria variados desafios, tais como o déficit **previdenciário** promovido pelas super aposentadorias.

- Repetição por ênfase e retomada

> Exemplo: O controle ocorre não só sobre os dados dos **usuários**, mas também sobre o comportamento desses mesmos **usuários**, cuja liberdade de escolha foi subtraída.

- Repetição por paralelismo sintático

> Exemplo: O controle de dados, promovido **ora** por grandes empresas, **ora** por autoridades estatais, fragiliza a liberdade de escolha dos usuários da rede.

Caso a repetição não se encaixe nos três casos apresentados anteriormente, os corretores descontarão pontos da C4.

Atenção!

Não faça monobloco!

Monobloco é o texto **sem nítida divisão em parágrafos**, e a nota máxima que a redação pode chegar na C4 são 80 pontos, já que demonstra TOTAL desconhecimento de coesão.

Aliás, o monobloco pode acontecer em virtude da **inobservância do RECUO do lado esquerdo do parágrafo**, que deveria ser nítido aos avaliadores.

Orientações avançadas da C4

Há vários tipos de coesão que o candidato poderá usar no seu texto, mas vou me debruçar sobre DOIS deles, que são MUITO produtivos:

COESÃO REFERENCIAL	São mecanismos cuja função principal é retomar ou antecipar palavras ou ideias dentro de um texto.
OPERADORES ARGUMENTATIVOS	São conjunções, locuções conjuntivas e expressões que reafirmam o raciocínio argumentativo do autor do texto.

1. Coesão referencial

1.1. Substituição por proformas gramaticais

1.1.1. Pronomes

a) Pronomes pessoais do caso RETO/OBLÍQUO

LHE, LHES	(...) as demais crenças – sobretudo africanas – eram marginalizadas e se mantiveram vivas porque os negros **lhes** deram aparência cristã.
ELE, ELA, ELES, ELAS	(...) as demais crenças – sobretudo africanas – eram marginalizadas e se mantiveram vivas porque os negros deram aparência cristã **a elas**.
SE, SI, CONSIGO	(...) as demais crenças – sobretudo africanas – eram marginalizadas e **se** mantiveram vivas porque os negros lhes deram aparência cristã.
O, A, OS, AS	O controle de dados afeta as pessoas e **as** coloca em situação de subserviência.

b) Pronomes possessivos

SEU, SUA, SEUS, SUAS	A filósofa Hannah Arendt desenvolve em **suas** obras o conceito de "Banalidade do Mal".

c) Pronomes relativos

QUE, O QUAL E VARIAÇÕES	O controle de dados afeta a população brasileira, **que** fica vulnerável à manipulação.

* *Prefira usar O QUAL, OS QUAIS, A QUAL e AS QUAIS quando houver preposição para contrair. Do contrário, use apenas QUE.*

USE ASSIM	O controle de dados afeta a população brasileira. Assim, fica vulnerável à manipulação.
ASSIM NÃO	O controle de dados afeta a população brasileira, **a qual** fica vulnerável à manipulação. [*Só uma sugestão!*]
ASSIM	O controle de dados promove a manipulação, **da qual** a população é a maior vítima.

Quando você usar somente a palavra QUE, seu texto passa a ser mais fluente. Tenha cuidado com a repetição inadequada do QUE, chamada de queísmo.

CUJO, CUJA, CUJOS, CUJAS	O autor ensina que a realidade colonial do Brasil até o século XIX estava compactada no interior da casa grande, **cuja** religião oficial era católica (...)

* *Nunca use CUJO O, CUJOS OS, CUJA A nem CUJAS AS.*

ONDE	Esse problema assume contornos específicos no Brasil, **onde**, apesar do multiculturalismo, há quem exija do outro a mesma postura religiosa

* *Não use ONDE em referência a situações/circunstâncias.*

ERRADO	O Brasil vive o caos econômico, onde todos são afetados.
ERRADO	As sociedades modernas têm como característica o individualismo, onde fica nítida a hostilidade.

d) Pronomes demonstrativos

O (+ QUE)	(...) uma religião que subjugue as outras, **o** que deve, pois, ser repudiado em um Estado laico, a fim de combater a intolerância de crença.
AQUELE E VARIAÇÕES	(...) e seja intolerante **àqueles** que dela divergem.
MESMO	O país que é um dos maiores exportadores de comida do mundo é o **mesmo** que apresenta miséria em seu território.

A palavra MESMO é classificada como pronome relativo de ênfase. Isso significa que a gramática textual aconselha seu uso para enfatizar o sentido de uma palavra [e *não para substituir uma palavra!*].

Portanto, frases como estas seriam inadequadas:

ERRADO	Antes de entrar no elevador, verifique se o mesmo se encontra no andar.
ERRADO	Prenderam os rapazes, mas os mesmos logo foram libertos.

ESSE E VARIAÇÕES	A Constituição Federal de 1988 – norma de maior hierarquia no sistema jurídico brasileiro – assegura a todos a liberdade de crença. Entretanto, os frequentes casos de intolerância religiosa mostram que os indivíduos ainda não experimentam **esse** direito na prática.

* ESSE retoma a expressão "liberdade de crença".

ESTE E VARIAÇÕES	Assim, o constante controle de dados submeterá os indivíduos a **este** grave problema: a manipulação do comportamento.

* ESTE antecipa a expressão "manipulação de comportamento".

Vamos compreender a diferença entre ESSE e ESTE em profundidade. Já lhe adianto que há DUAS regras que orientam o uso do ESTE (e variações).

ESTE | Regra 1 | Noção de proximidade (no texto, no tempo e no espaço)

PROXIMIDADE NO TEXTO	Hão de ser estabelecidas medidas para melhorar as condições de vida dos idosos. **Estes** tendem a ser negligenciados pelo Estado.
PROXIMIDADE NO TEXTO	Brasil e China são exportadores. **Esta** produz carne, e aquele produz soja.
PROXIMIDADE NO TEMPO	**Esta** semana vou assistir à videoaula.
PROXIMIDADE NO ESPAÇO	**Este** país é sul-americano e tem dimensões continentais.

Repare que o ESTE serve para retomada por proximidade se ele não estiver acompanhando um substantivo! Portanto, a frase abaixo estaria errada:

ERRADO	Hão de ser estabelecidas medidas para melhorar as condições de vida dos idosos. **Estes cidadãos** tendem a ser negligenciados pelo Estado.

Há duas formas de corrigir a frase acima:

Estes tendem (...) → tira o substantivo cidadãos, e o pronome vem sozinho na função de sujeito.

Esses cidadãos tendem (...) → mantém o substantivo cidadãos, e o pronome acompanha o substantivo.

Eu sei que esse assunto é um pouco complexo; então, você precisa se concentrar e anotar para compreendê-lo bem. Vamos à segunda regra do ESTE.

ESTE | Regra 2 | Antecipação de alguma palavra/expressão

Se a corrupção se mantiver, o Brasil conviverá com **este** problema: desigualdade.

Há pessoas que dependem **disto**: da fama.

Muitas famílias no Brasil vivem **deste** modo: abaixo da linha da miséria.

Fechamos as regras do ESTE. Vamos agora para o ESSE. Há APENAS UMA regra que orienta o uso do ESSE [e *variações*].

ESSE | Regra única | Retomada de alguma palavra/expressão/ideia

Hão de ser estabelecidas medidas para melhorar as condições de vida dos idosos. Essa parcela da população tende a ser negligenciada pelo Estado.

Repare que o pronome ESSE retoma um substantivo e, ao mesmo tempo, acompanha um substantivo!

Cuidado para não confundir os dois usos

CERTO	Hão de ser estabelecidas medidas para melhorar as condições de vida dos idosos. **Estes** tendem a ser negligenciados pelo Estado.
CERTO	Hão de ser estabelecidas medidas para melhorar as condições de vida dos idosos. **Essa** parcela da população tende a ser negligenciada pelo Estado.
ERRADO	Hão de ser estabelecidas medidas para melhorar as condições de vida dos idosos. Esses tendem a ser negligenciados pelo Estado. [*Errada!*]

Vamos a mais exemplos de retomada:

RETOMADA	Se a corrupção se mantiver, o Brasil conviverá com a desigualdade. **Esse** problema é frequente no Brasil.
RETOMADA	Há pessoas que dependem da fama. **Desse** modo, a sociedade será cada vez mais fútil.
RETOMADA	Muitas famílias no Brasil vivem abaixo da linha da miséria. **Desse** modo, não haverá desenvolvimento.

Se quiser comparar, veja isto:

ANTECIPAÇÃO	RETOMADA
Se a corrupção se mantiver, o Brasil conviverá com **este** problema: a desigualdade.	Se a corrupção se mantiver, o Brasil conviverá com a desigualdade. **Esse** problema é frequente no Brasil.
Há pessoas que dependem **disto**: da fama.	Há pessoas que dependem da fama. **Desse** modo, a sociedade será cada vez mais fútil.
Muitas famílias no Brasil vivem **deste** modo: abaixo da linha da miséria.	Muitas famílias no Brasil vivem abaixo da linha da miséria. **Desse** modo, não haverá desenvolvimento.

Fechamos ESTE X ESSE? Vamos continuar a aula de COMPETÊNCIA 4.

e) Pronome indefinido

QUEM	Não há no Brasil **quem** esteja livre da violência urbana.
QUEM	Nas sociedades modernas, **quem** não consome é alvo de preconceito.
OUTROS	No Brasil, há indivíduos que impõem suas ideologias aos **outros**.

1.1.2. Definitivação

a) Artigos definidos

O, A, OS, AS	**O** Estado definiu **a** forma ideal de coibir **os** crimes da internet. **A** estratégia é monitorar **os** logaritmos e verificar **as** empresas que usaram **as** informações dos usuários.

b) Artigos indefinidos

UM, UMA, UNS, UMAS	Há de se definir estratégias para evitar o controle de dados. **Uma** delas poderia ser a publicidade da coleta das informações.
	O controle de dados precisa ocorrer de forma ética. Um caminho para isso seria a publicidade da coleta das informações por parte das empresas.

1.1.3. Substituição por zero

Zeugma (elipse)

| [x] | No Brasil, há políticos que confundem o interesse público e o [x] privado. |

1.1.4. Numerais

| PRIMEIRO ETC. | Na Medicina brasileira, houve vários transplantes de órgãos vitais, sendo o **primeiro** realizado no Rio de Janeiro. |

1.2. Substituição por elementos lexicais

1.2.1. Relação de sinonímia

| PALAVRA EQUIVALENTE | (...) **indivíduos** e instituições públicas cooperarem para mitigar a intolerância religiosa. Cabe aos **cidadãos** repudiar a inferiorização das crenças e dos costumes presentes no território brasileiro. |

| PERÍFRASE | Um caminho possível para combater a rejeição à diversidade de crença é desconstruir o **principal problema da pós-modernidade segundo Zygmunt Bauman**. |

1.2.2. Relação de hiperonímia

| HIPÔNIMO – HIPERÔNIMO | (...) como disserta **Gilberto Freyre** em "Casa-grande e Senzala". **O autor** ensina que a realidade colonial do Brasil até o século XIX estava compactada no interior da casa grande (...). |

| HIPÔNIMO – HIPERÔNIMO | O **Poder Judiciário** condena a justiça com as próprias mãos, mas há ineficiência nas funções desse **órgão estatal**. |

1.2.3. Nomes genéricos

REMISSÃO METADISCURSIVA	(...) **o individualismo** é uma das principais características – e o maior conflito – da pós-modernidade (...). **Esse problema** assume contornos específicos no Brasil.
REMISSÃO METADISCURSIVA	No dia 1º de maio, ocorreu a queda de um edifício em São Paulo. Esse **desastre** tende a se repetir caso o Estado mantenha sua omissão ante as políticas de moradia.

A REMISSÃO METADISCURSIVA ocorre quando o candidato resume o conteúdo da frase anterior e, ao mesmo tempo, faz uma avaliação do que foi dito.

1.2.4. Nominalização

DERIVAÇÃO REGRESSIVA	Muitas empresas têm como estratégia **controlar** os dados dos usuários da rede. Esse **controle** é facilitado pela falta de criticidade por parte da população.

1.2.5. Siglonímia

SIGLA	O **Ministério Público Federal** deve intervir no problema das drogas. A iniciativa do **MPF** é importante porque traria maior sensação de segurança.
SIGLA	A **ONU** lançou campanhas de sensibilização para o autismo. Essa iniciativa das **Nações Unidas** evidencia a preocupação internacional com o autismo.

2. Operadores argumentativos

Os operadores argumentativos são palavras ou expressões que colaboram para a progressão do texto e mostram a posição do candidato em relação à ideia desenvolvida. Para usá-los bem, é necessário conhecer as principais noções semânticas.

i. **Quebra de expectativa/contradição.**

ii. **Confirmação de expectativa/conclusão.**

iii. **Adição/ênfase.**

NOÇÕES SEMÂNTICAS BÁSICAS

QUEBRA DE EXPECTATIVA/CONTRADIÇÃO
Serve para realçar a argumentação do Enem e deixar nítidas as críticas e os problemas sociais

CONFIRMAÇÃO DE EXPECTATIVA/CONCLUSÃO
Funciona como fechamento de parágrafo e mostra como uma realidade deveria ser ou introduz uma solução

ADIÇÃO/ÊNFASE
Pode se confundir com a conclusão, mas o foco é acrescentar nova ideia com o mínimo de valor semântico

QUEBRA DE EXPECTATIVA/ CONTRADIÇÃO	A Constituição Federal de 1988 – norma de maior hierarquia no sistema jurídico brasileiro – assegura a todos a liberdade de crença. **Entretanto**, os frequentes casos de intolerância religiosa mostram que os indivíduos ainda não experimentam esse direito na prática.
	No entanto, não é razoável que ainda haja uma religião que subjugue as outras (...)
	(...) de modo a assegurar direitos constitucionais aos indivíduos. Ocorre que o Estado brasileiro se mostra incapaz de garantir, no ambiente virtual (...)
CONFIRMAÇÃO DE EXPECTATIVA/ CONCLUSÃO	A Constituição Federal de 1988 – norma de maior hierarquia no sistema jurídico brasileiro – assegura a todos a liberdade de crença. Entretanto, os frequentes casos de intolerância religiosa mostram que os indivíduos ainda não experimentam esse direito na prática. **Com efeito**, um diálogo entre sociedade e Estado sobre os caminhos para combater a intolerância religiosa é medida que se impõe.
	Assim, observada a ação conjunta entre população e poder público, alçará o país à verdadeira posição de Estado Democrático de Direito.

CONFIRMAÇÃO DE EXPECTATIVA/ CONCLUSÃO

Nesse sentido, um caminho possível para combater a rejeição à diversidade de crença é desconstruir o principal problema da pós-modernidade segundo Zygmunt Bauman: o individualismo.

Urge, portanto, que indivíduos e instituições públicas cooperem para mitigar a intolerância religiosa.

No entanto, não é razoável que ainda haja uma religião que subjugue as outras, o que deve, **pois**, ser repudiado em um Estado laico (...). [*pois depois do verbo*]

Desse modo, enquanto a manipulação se mantiver, o Brasil será obrigado a conviver com o principal conflito segundo a "Indústria Cultural": o controle simbólico.

Com efeito, um diálogo entre sociedade e Estado sobre os caminhos para combater a intolerância religiosa é medida que se impõe.

ADIÇÃO/ÊNFASE

No entanto, não é razoável que ainda haja uma religião que subjugue as outras, o que deve, pois, ser repudiado em um Estado laico (...).

(...) o individualismo é uma das principais características – e o maior conflito – da pós-modernidade, e, consequentemente, parcela da população tende a ser incapaz de tolerar diferenças.

Em primeiro plano, a ausência de fiscalização estatal sobre a coleta de dados representa obstáculo para o progresso do país. A esse respeito, a Constituição Federal de 1988 prevê, no artigo 3º, o objetivo de garantir o desenvolvimento nacional (...).

De outra parte, a captação velada de informações dá lugar à manipulação. Nesse viés, o conceito de "Indústria Cultural" – desenvolvido por Theodor Adorno – consiste na estratégia midiática de orientar o comportamento dos indivíduos de forma simbólica e invisível (...).

Quando a ideia for ADIÇÃO/ÊNFASE	01. Com efeito, [*curinga!*]
	02. Nesse sentido,
	03. Nesse viés,
	04. Nessa perspectiva,
	05. Nesse contexto,
	06. A esse respeito → inicia períodos
	07. Sob essa análise,
	08. Sob essa ótica,
	09. À vista disso, → sempre com crase
	10. e → nunca inicia período → não tem problema repetir!
	11. bem como → nunca inicia período
	12. assim como → nunca inicia período
	13. não só..., mas também → usa em combinação
	14. Seguindo essa linha de pensamento,
	15. Além disso,
	16. Ademais,
	17. Inclusive,
	18. Destarte,
Quando a ideia for OPOSIÇÃO/ CONTRADIÇÃO	19. Entretanto,
	20. No entanto,
	21. Porém,
	22. Contudo,
	23. Todavia,
	24. Ocorre que → não é conjunção e não tem vírgula depois
	25. mas → nunca inicia período

Quando a ideia for CONCLUSÃO/ FECHAMENTO	26. Portanto,
	27. Logo,
	28. , pois, → depois do verbo
	29. Assim,
	30. Dessa forma,
	31. Desse modo,
	32. Dessa maneira,
	33. Nessa lógica,
	34. Nesse âmbito,
	35. Feito isso,
Quando eu quiser desenvolver uma CONSEQUÊNCIA/ CONTINUIDADE	36. de modo que → não inicia período
	37. de sorte que → não inicia período
	38. o que → não inicia período e evita a ocorrência de gerúndio
	39. Para isso,
	40. Sendo assim,
	41. Isso ocorre motivado por
	42. Por conseguinte,
Quando eu quiser dar uma EXPLICAÇÃO	43. visto que → não inicia período
	44. haja vista → não inicia período
	45. já que → não inicia período
	46. Com isso,
	47. na medida em que → não inicia período
	48. em virtude de → não inicia período
	49. pois → não inicia período
	50. porque → não inicia período
	51. em razão de → não inicia período

Capítulo 18
Gabaritando a Competência 5

Como gabaritar a Competência 5?

A Competência 5 avalia a capacidade que o candidato tem de oferecer propostas de intervenção para os problemas levantados ao longo da redação, obedecendo aos 5 elementos básicos.

Agora, veja como é feita a correção da Competência 5:

COMPETÊNCIA 5 – MATRIZ DE REFERÊNCIA	
Elaborar proposta de intervenção para o problema abordado, respeitando os direitos humanos	
NA REDAÇÃO, O CANDIDATO...	**PONTOS**
Não apresenta proposta de intervenção ou apresenta proposta não relacionada ao tema ou ao assunto.	0
Apresenta proposta de intervenção vaga, precária ou relacionada apenas ao assunto.	40
Elabora, de forma insuficiente, proposta de intervenção relacionada ao tema, ou não articulada com a discussão desenvolvida no texto.	80
Elabora, de forma mediana, proposta de intervenção relacionada ao tema e articulada à discussão desenvolvida no texto.	120
Elabora bem proposta de intervenção relacionada ao tema e articulada à discussão desenvolvida no texto.	160
Elabora muito bem proposta de intervenção, detalhada, relacionada ao tema e articulada à discussão desenvolvida no texto.	200

Para evitar que os corretores deem notas diferentes para os alunos, a Banca desenvolveu subcritérios bem específicos para a nota da C5. Veja:

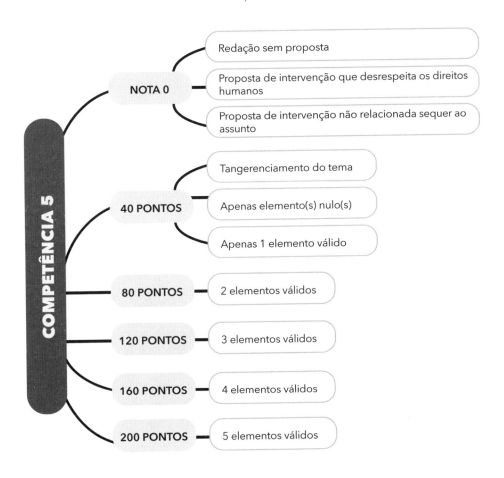

1. Princípios da proposta de intervenção

a) Aplicabilidade

As propostas de intervenção podem ser simples, desde que não sejam banalizadas no nosso cotidiano. Compreender essa diferença é fundamental. A diferença é tênue e relativamente subjetiva, e, portanto, você é quem deve avaliar o que é razoável para integrar o seu texto e o que tende a ficar banalizado. Veja as sugestões:

BANAL	Cabe aos indivíduos desvirar pneus e vasos de planta nas lajes para evitar a proliferação de mosquitos (...).
OK	Cabe aos indivíduos incentivar a vacinação contra a febre amarela, por meio de debates nas mídias sociais (...).

b) Factibilidade

Esse princípio se refere à facilidade/dificuldade de a proposta ser colocada em prática.

+ FACTÍVEL	Cabe aos indivíduos repudiar comentários de cunho racista em conversas cotidianas.
– FACTÍVEL	Cabe aos indivíduos realizar passeatas contra o racismo no Brasil (...).

c) Relevância

É preciso que o avaliador respeite a relevância do que está sendo proposto, o que só ocorrerá se houver criatividade na intervenção.

RELEVANTE	Os cidadãos devem desestimular o trabalho análogo à escravidão, por meio da consulta a lojas em aplicativos de denúncia, como o Moda Livre, a fim de evitar consumir o produto da escravidão moderna.

O aplicativo Moda Livre classifica lojas da indústria têxtil de acordo com a relação que elas mantêm com o trabalho análogo à escravidão. Ocorre que muitos indivíduos sequer conhecem esse recurso que colaboraria para a disseminação do problema.

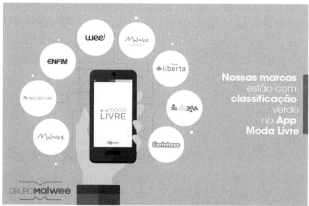

d) Articulação

O princípio da articulação é simples e tem relação com os problemas desenvolvidos nos argumentos. Em outras palavras, as propostas de intervenção devem solucionar ESPECIFICAMENTE os problemas trazidos pelo candidato nos desenvolvimentos.

Caso você faça apenas uma proposta, ela deve dar conta dos dois problemas levantados nos desenvolvimentos, tal como mostro a seguir:

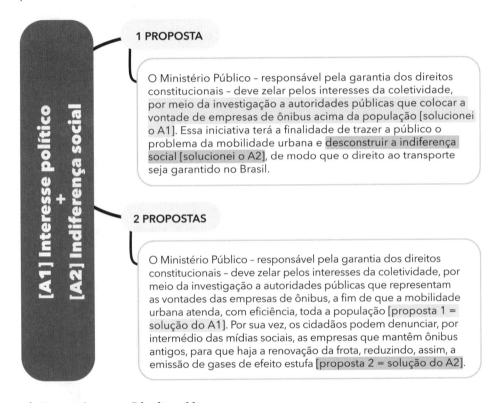

e) Respeito aos Direitos Humanos

O Movimento Escola sem Partido impetrou uma ação junto ao TRF-1 pedindo a suspensão do item que prevê a anulação. O Desembargador do TRF-1 e o STF acataram a decisão e impediram que os avaliadores zerassem redações sob esse argumento. Todavia, a COMPETÊNCIA 5 pode ser zerada, caso haja o desrespeito ao conteúdo destes documentos:

- Carta da ONU (1945).
- Declaração Universal dos Direitos Humanos (1948).
- Declaração de Durban (2001).
- Diretrizes para Educação em Direitos Humanos (2012).

Veja alguns fragmentos que vão de encontro aos direitos humanos:

| ENEM 2017 | Cabe ao governo construir escolas destinadas somente a alunos surdos e orientar os pais a matricularem os filhos nessas instituições exclusivas, a fim de dar-lhes melhores condições de aprendizado. |

"É instituída a Lei Brasileira de Inclusão da Pessoa com Deficiência, destinada a assegurar e a promover, em condições de igualdade, o exercício dos direitos e das liberdades fundamentais por pessoa com deficiência, visando à sua inclusão social e cidadania." (Lei nº 13.146/2015 – Estatuto da Pessoa com Deficiência).

| ENEM 2016/2 | O preconceito contra os negros deve ser repudiado, de modo que aqueles que cometem atitudes racistas devem ter sua conduta banida pelo Estado. |

A Constituição Federal preceitua no inciso XLVII de seu artigo 5º que:

"XLVII – não haverá penas:

a) de morte, salvo em caso de guerra declarada, nos termos do art. 84, XIX;

b) de caráter perpétuo;

c) de trabalhos forçados;

d) de banimento;

e) cruéis".

| ENEM 2016 | Portanto, para desestimular a hegemonia religiosa, deveriam ser proibidas as ações de evangelização e de cultos ao ar livre (...). |

A Constituição Federal preceitua no inciso XLVII de seu artigo 5º que:

"VI – é inviolável a liberdade de consciência e de crença, sendo assegurado o livre exercício dos cultos religiosos e garantida, na forma da lei, a proteção aos locais de culto e a suas liturgias".

Posso ser a favor da pena de morte e do aborto?

Essa dúvida é MUITO recorrente entre os candidatos, e ainda bem que o Inep não se omitiu em relação a isso. Em vez de eu mesmo responder, veja o que diz o próprio Inep no *Manual do Estudante do INEP*:

Como saber se o participante está ferindo os direitos humanos na redação?

A prova de redação do Enem sempre assinalou que o participante respeitasse os direitos humanos (DH). Em 2013, após a publicação das Diretrizes Nacionais para a Educação em Direitos Humanos — ocorrida em 2012 —, o próprio edital do Exame tornou obrigatório o respeito aos DH, sob pena de a redação receber nota 0 (zero).

Exemplos de propostas que receberam nota 0 (zero) na redação no Enem:

- "ser massacrado na cadeia";
- "deve sofrer os mesmos danos causados à vítima, não em todas as situações, mas em algumas ou até mesmo a pena de morte";
- "fazer sofrer da mesma forma a pessoa que comete esse crime";
- "deveria ser feita a mesma coisa com esses marginais";
- "as mulheres fazerem justiça com as próprias mãos";
- "merecem apodrecer na cadeia";
- "muitos dizem [...] devem ser castrados, seria uma boa ideia".

Em resumo, na prova de redação do Enem, constituem desrespeito aos DH propostas que incitam a violência, ou seja, **propostas nas quais transparece a ação de indivíduos na administração da punição, como as que defendem a "justiça com as próprias mãos" ou a lei do "olho por olho, dente por dente"** [grifo meu]. Por isso, as propostas de pena de morte ou prisão perpétua para os agressores não caracterizam desrespeito aos DH, por remeterem ao Estado a administração da punição ao agressor, ou seja, nesse caso, as punições não dependem da decisão individual, caracterizando-se como contratos sociais cujos efeitos todos devem conhecer e respeitar em uma sociedade.

88 repertórios pertinentes para vários temas

AUTORIDADE	CONHECIDO COMO	CONCEITO/ LIVRO	DATA	EXPLICAÇÃO	APLICAÇÃO NA REDAÇÃO
1. Adam Smith	Pai do Liberalismo econômico	Meritocracia	Século XVIII	Entendia que a benevolência é um problema. Para ele, uma nação só progrediria se cada indivíduo buscasse o próprio progresso.	Você pode mencionar o Adam e criticar a ideologia dele em redações sobre trabalho voluntário, solidariedade, altruísmo etc. Trazer uma ideia para desconstruí-la se chama contra-argumentação.
2. Agência Nacional de Águas	Instituição	ANA	2000	Criada para fiscalizar o consumo de recursos hídricos, porém não vigia os setores da agropecuária (70% do consumo de água), o que a torna omissa.	Pode ser usado em temas que abordem a crise hídrica.
3. Alexander Fleming	Médico que descobriu a penicilina	–	1928	Fleming deixou as culturas de bactérias expostas e saiu do laboratório. Quando voltou, viu que elas tinham pegado mofo, e as bactérias haviam sido eliminadas.	Pode ser usado em temas sobre automedicação e desenvolvimento científico.
4. Álvares de Azevedo	Escritor da segunda geração romântica	Ultrarromantismo	Século XIX	Vinculou, em seus textos, a ideação suicida ao amor, o que contribuiu para que a tristeza depressiva fosse romantizada.	Pode ser usado em temas sobre saúde mental. Acontece que essa romantização da doença acontece até os dias de hoje entre a população brasileira.

AUTORIDADE	CONHECIDO COMO	CONCEITO/ LIVRO	DATA	EXPLICAÇÃO	APLICAÇÃO NA REDAÇÃO
5. Aristóteles	Filósofo grego	"Animal Político"	Século IV a.C.	Falava que o ser humano, por natureza, é acostumado a viver em harmonia na sua comunidade, a fim de manter sua sobrevivência.	Ocorre que atualmente, graças às crises de civismo, como a intolerância, a violência humana urbana e a corrupção, esse conceito grego não é a realidade.
	Filósofo grego	Isonomia	Século IV a.C.	Capacidade de um indivíduo de adaptar-se às particularidades dos outros.	Essa área do conhecimento fala sobre empatia, pode ser usada em temas sobre preconceitos, por exemplo, com a população autista, em que a maioria das pessoas não pratica a isonomia.
6. Artigo 215	Artigo da Constituição Federal	–	1988	O Estado apoiará e incentivará a valorização e a difusão das manifestações culturais (...).	Pode ser usado em temas sobre cultura.
7. Artigo 225	Artigo da Constituição Federal	–	1988	Exige que o meio ambiente seja ecologicamente equilibrado.	Pode ser usado em temas que abordem a crise hídrica. A correta aplicação dessa lei não acontece. O que se mostra um retrocesso ao momento que se achava que a água era infinita.
8. Artigo 226	Artigo da Constituição Federal	–	1988	A família, base da sociedade, tem especial proteção do Estado.	Pode ser usado em temas sobre família.

AUTORIDADE	CONHECIDO COMO	CONCEITO/ LIVRO	DATA	EXPLICAÇÃO	APLICAÇÃO NA REDAÇÃO
9. Artigo 3º	Artigo da Constituição Federal	Objetivos da República	1988	Defende que o Brasil deve buscar ser uma nação livre, justa e solidária.	Essa ideia serve para temas em que o Estado não esteja cumprindo bem as suas funções e é uma frase de efeito legal para finalizar parágrafos.
10. Artigo 6º	Artigo da Constituição Federal	–	1988	São direitos sociais a educação, a saúde, a alimentação, o trabalho, a moradia, o transporte, o lazer, a segurança, a previdência social, a proteção à maternidade, a assistência aos desamparados, a proteção à infância (...).	Pode ser usado em temas que fragilizem o bem-estar dos indivíduos.
11. Barão de Coubertin	Aristocrata francês	"Fair Play"	1892	Deu início aos Jogos Olímpicos da Era Moderna e criou o conceito de jogo limpo ("fair play"), que é uma característica de espírito esportivo.	Pode ser usado em temas sobre violência nos estádios. A sociedade brasileira é incapaz de praticar o conceito criado por Coubertin.
12. Fundação Oswaldo Cruz	Laboratórios de biomedicina	–	1904	Responsáveis por atenuar os vírus a fim de desenvolver vacinas.	Pode ser usado em temas que discutam sobre os desafios da ciência brasileira. A falta de investimento não permite a pesquisa necessária para o desenvolvimento de vacinas.

AUTORIDADE	CONHECIDO COMO	CONCEITO/ LIVRO	DATA	EXPLICAÇÃO	APLICAÇÃO NA REDAÇÃO
13. Romantismo de 1ª fase	Movimento cultural	Geração Indianista	Meados do século XIX	Valoriza o índio apenas como forma de romper com a cultura europeia.	Pode ser usado em temas que abordem a população indígena. A visão preconceituosa impede que os indígenas sejam tratados como sujeitos com direitos.
14. Castelo Branco	Ex-presidente do Brasil	Autos de resistência	1966	Documento que isenta as Forças Armadas das mortes cometidas.	Pode ser usado em temas que tratem da violência urbana. Esses autos foram subvertidos e funcionam para garantir a impunidade dos indivíduos corrompidos (polícia).
15. Castro Alves	Escritor brasileiro	"O Navio Negreiro"	1880	No livro, o autor narra as condições a que eram expostas as pessoas submetidas ao tráfico humano.	Pode ser usado em temas que abordem o tráfico humano e o preconceito racial. A denúncia de Alves ainda se mostra relevante na contemporaneidade, como se ainda vivêssemos no século XVI.
16. Chico Science	Artista pernambucano	"Da lama ao caos"	1994	Em suas letras, disse que o homem coletivo busca a inveja, a ganância e a glória. Com isso, as vontades e as ambições humanas tornam o cotidiano caótico.	Pode ser usado em temas sobre o corrompimento da ética e da moral do indivíduo.

AUTORIDADE	CONHECIDO COMO	CONCEITO/ LIVRO	DATA	EXPLICAÇÃO	APLICAÇÃO NA REDAÇÃO
17. Código Penal	Lei	–	1940	É desatualizado e valoriza a imposição militarista.	Pode ser usado em redações que falem sobre violência e excesso de poder da polícia.
18. Creche Aquarela	Escola brasileira	Chacina em Saudades	2021	Em Saudades, Fabiano Kipper foi responsável pela morte de 5 alunos e 1 ferido.	Pode ser usado em temas que tratem sobre bullying nas escolas. Essa prática de violência pode motivar histórias cruéis, como a de Saudades.
19. Daniel Goleman	Psicólogo norte-americano	Inteligência emocional	–	Consiste na capacidade de gerenciar sentimentos e de lidar com situações de estresse e de competitividade.	Pode ser usado em temas que falem sobre saúde mental. Goleman defendia que a inteligência emocional promove a diminuição dos níveis de ansiedade e estresse.
20. Declaração Universal dos Direitos do Homem e do Cidadão	Lei	–	1789	Foi a lei que consolidou o Iluminismo no século XVIII e garantiu, pela primeira vez, direitos básicos como a vida, a liberdade etc.	Pode ser usado em temas que mostrem o desrespeito aos direitos básicos.
21. Declaração Universal dos Direitos Humanos	Lei	–	1948	Promulgada pela ONU, esse documento prevê que todos os indivíduos fazem jus às condições dignas de humanidade.	Pode ser usado em temas que fragilizem o bem-estar do indivíduo.

Cap. 18 • GABARITANDO A COMPETÊNCIA 5   201

AUTORIDADE	CONHECIDO COMO	CONCEITO/ LIVRO	DATA	EXPLICAÇÃO	APLICAÇÃO NA REDAÇÃO
22. Eça de Queirós	Escritor Português	"O Primo Basílio"	Século XIX	Romance realista que denuncia as falhas da instituição familiar, mostra que a família é baseada em aparências pela crença de ser mais valiosa que a essência.	Pode ser usado em temas que critiquem a instituição familiar tradicional. O conceito de família mudou ao longo do tempo, atualmente, você não precisa ter um cônjuge para ter uma família.
23. Edgard Roquette-Pinto	Pai da radiodifusão no Brasil	–	1975	Foi o criador da primeira emissora dedicada ao ensino, a TVE.	Pode ser usado em temas que tratem da educação.
24. Etnocentrismo	Conceito antropológico/ sociológico	–	Século XVI	A ideia de valorização de um povo em detrimento de outro grupo.	Pode ser usado em temas que abordem o preconceito. Um exemplo disso é que a cultura europeia subjugava, e ainda subjuga, as populações indígenas.
25. EUA	Alerta	Alerta Amber	1996	Após o sequestro da menina Amber Hagerman, os EUA desenvolveram um aviso sonoro capaz de comunicar em massa o rapto de crianças, com integração nas mídias sociais.	Pode ser usado em temas sobre desaparecimento de crianças.
	Conceito sociológico	"Brain Drain" (Fuga de cérebros)	Final do século XX	É a emigração em massa de indivíduos com aptidões técnicas ou de conhecimentos.	Pode ser usado em temas que discutam sobre os desafios da ciência brasileira. Tecnologia de pesquisadores brasileiros que são produzidas fora do país causam prejuízo, pois precisarão ser compradas de volta pelo Brasil.

AUTORIDADE	CONHECIDO COMO	CONCEITO/ LIVRO	DATA	EXPLICAÇÃO	APLICAÇÃO NA REDAÇÃO
26. George Orwell	Escritor inglês	"A Revolução dos Bichos"	Século XX	A obra é uma crítica ao fim levado pela Revolução Russa, ao seu subsequente totalitarismo e, claro, ao ambicioso e hipócrita comportamento humano.	Pode ser usado em redações que abordem os impactos da falta de consciência política ou sobre as consequências da alienação na sociedade, sobre isso o livro aponta que os animais eram dominados porque não tinham consciência de que estavam sendo dominados. Assim, implicitamente, Orwell defende em seu livro que a dominação ocorre muito mais pela força intelectual do que pela força física.
27. Gilberto Freyre	Sociólogo brasileiro	"Casa-grande e Senzala"	1933	Entendia que o brasileiro, historicamente, é influenciado pela figura patriarcal do homem branco e católico. Esse padrão seria capaz de motivar o preconceito.	Pode ser usado em redações cujo tema fale sobre padrões impostos socialmente e a discriminação sofrida por quem não se adapta a eles.
28. Gorduras hidrogenadas	Óleos vegetais	–	–	Capaz de aumentar o sabor, a durabilidade e reduzir o custo da produção.	Pode ser usado em temas que fragilizem a saúde humana, como a obesidade.

Cap. 18 • GABARITANDO A COMPETÊNCIA 5

AUTORIDADE	CONHECIDO COMO	CONCEITO/ LIVRO	DATA	EXPLICAÇÃO	APLICAÇÃO NA REDAÇÃO
29. Grécia Antiga	Fundação dos Jogos Olímpicos	Paz Olímpica	776 a.C.	Acordo criado com o objetivo de garantir ambiente amistoso durante os jogos, para garantir a integridade dos atletas e espectadores. E, também, promove, a união/coesão social.	Pode ser usado em temas sobre a violência nos esportes/estádios.
30. Hannah Arendt	Filósofa alemã	Banalidade do mal	Século XX	As atitudes cruéis se tornaram parte do convívio social e se banalizaram na sociedade, cada vez mais hostil.	Pode ser usado em temas sobre a banalização da violência.
31. "Hebe"	Minissérie brasileira	–	2019	Retratava o período dos anos 1980, quando a sociedade associava a síndrome da imunodeficiência humana a gays e prostitutas.	Pode ser usado em temas sobre saúde pública, como HIV.
32. Herbert Freudenberger	Psicanalista	Síndrome de Burnout	1974	As principais características da Síndrome do Esgotamento Profissional são o estresse crônico, a irritabilidade e a frustação profissional.	Pode ser usado em temas que tratem do esgotamento profissional.
33. Hidrocarbonetos	Compostos químicos	–	–	São provenientes da queima de combustíveis fósseis.	Pode ser usado em temas que tratem do meio ambiente. As microparticulas, ao serem respiradas, prejudicam os alvéolos pulmonares, o que pode ocasionar rinite, asma e bronquite.

AUTORIDADE	CONHECIDO COMO	CONCEITO/ LIVRO	DATA	EXPLICAÇÃO	APLICAÇÃO NA REDAÇÃO
34. Hipócrates	Médico grego conhecido popularmente como Pai da Medicina	–	Antiguidade Clássica	Hipócrates foi o responsável pelo início do pensamento científico médico e trouxe importantes conquistas para a humanidade.	Ele criou a Teoria dos Humores, que foi o embrião do estudo da depressão, ainda na Grécia Antiga.
35. Homestead Act	Lei	Lei de terras norte-americana	1862	Determinada que todos poderiam ter acesso à terra, pagando o valor simbólico de 1 dólar. Essa iniciativa norte-americana democratizou o acesso à propriedade.	Você pode comparar essa lei com a política agrária brasileira, que não democratizou a terra e causou desigualdade social. Essa ideia é legal para temas como moradia, desigualdade social, reforma agrária, miséria, população em situação de rua etc. Ahhh, na verdade, o Homestead Act tinha o interesse político de povoar a terra para evitar invasões estrangeiras, mas a gente pode focar no benefício social, beleza?
36. Igreja Católica	Instituição religiosa	–	Idade Média	Associou a depressão ao Espírito da Morte e considerou o suicídio pecado.	Pode ser usado em temas sobre saúde mental.

AUTORIDADE	CONHECIDO COMO	CONCEITO/ LIVRO	DATA	EXPLICAÇÃO	APLICAÇÃO NA REDAÇÃO
37. Insulina	Hormônio	–	–	Quando o organismo humano consome açúcar em grandes quantidades, o fígado transforma o excedente em gordura, o que causa a obesidade; e o pâncreas libera maior quantidade de insulina, o que causa diabetes.	Pode ser usado em temas que fragilizem a saúde humana, como a obesidade.
38. Jean-Jacques Rousseau	Filósofo contratualista	Contrato Social	Século XVIII	Entendia que a natureza humana é pura, mas se corrompe em contato com a maldade, cada vez mais comum na sociedade, tornando, assim, o convívio social caótico.	Pode ser usado em temas para mostrar a omissão da sociedade diante de um problema.
39. João Cabral de Melo Neto	Escritor modernista da 3ª fase	"Morte e vida severina"	1955	O autor tinha como objetivo valorizar a heterogeneidade regional da língua brasileira em sua obra.	Pode ser usado em temas que tratem do preconceito linguístico. A grande maioria dos brasileiros se mostra incapaz de aceitar a diversidade linguística.
40. Johannes Gutenberg	Inventor alemão	Criou a imprensa	1450	Democratizou os livros e possibilitou as pessoas a terem mais acesso à leitura, tornando-a mais acessível.	Pode ser usado em temas sobre a democratização da leitura.

AUTORIDADE	CONHECIDO COMO	CONCEITO/ LIVRO	DATA	EXPLICAÇÃO	APLICAÇÃO NA REDAÇÃO
41. John Locke	Filósofo contratualista	Contrato Social	Século XVIII	Entendia que deveria haver uma espécie de pacto entre os cidadãos e o Estado. Os cidadãos deveriam confiar no Estado, que, em troca, garantiria direitos naturais, como a vida, a liberdade e a propriedade.	Pode ser usado em temas que mostrem os cidadãos ou o Estado desrespeitando esse pacto. Por exemplo, quando as autoridades deixam de cumprir o seu dever, há desrespeito ao Contrato Social, de Locke.
42. Juscelino Kubitscheck	Ex-presidente brasileiro	Plano de Metas	1956-1961	Foi um programa cuja finalidade era fazer 50 anos em 5. Algumas de suas metas consistiam em construir rodovias e implementar empresas automobilísticas como a Ford e a Toyota.	O modelo econômico proposto por JK é excludente, promovendo uma desigualdade social. Pode ser usado em temas que tratem da mobilidade urbana.
43. Karl Marx	Sociólogo alemão	Fetichismo da Mercadoria	Século XX	Defendia que os indivíduos tendem a valorizar o prestígio social dos produtos na sociedade de consumo.	Pode ser usado em temas que mostrem que as relações sociais são sustentadas por meio da aquisição de bens impostos pela sociedade.
		Exército Industrial de Reserva	Século XX	Diz respeito ao acúmulo de mão de obra disponível, que excede a quantidade de vagas, tornando as pessoas suscetíveis a subempregos.	Pode ser usado em temas sobre desemprego. Ocorre que isso submete homens e mulheres a baixos salários, perda de direitos trabalhistas e condições degradantes.

Cap. 18 • GABARITANDO A COMPETÊNCIA 5

AUTORIDADE	CONHECIDO COMO	CONCEITO/ LIVRO	DATA	EXPLICAÇÃO	APLICAÇÃO NA REDAÇÃO
44. KPC	Superbactéria	-	-	A superdosagem de medicamentos sem a devida orientação médica pode causar vários problemas, como: resistência ao medicamento, abstinência da substância, ocultação de problemas de saúde mais graves e mutação de vírus e bactérias, deixando-os mais resistentes.	Pode ser usado em temas que tratem da automedicação.
45. Marcos Bagno	Professor	"Preconceito Linguístico"	1999	Segundo ele, a educação linguística deve valorizar a inclusão social e precisa cumprir o seu papel sociocomunicativo. A linguagem deve ser um instrumento de comunicação e não de opressão.	Pode ser usado em temas que tratem do preconceito linguístico. A maioria dos brasileiros acha que existe um modo "certo" de falar, o que vai de encontro à ideologia de Bagno.
46. Mário de Andrade	Escritor modernista	"Macunaíma: um herói sem nenhum caráter"	1928	Disserta que o personagem é esvaziado de moral e ética.	Pode ser usado em temas sobre o corrompimento da ética e da moral do indivíduo, já que Macunaíma é a reprodução do povo brasileiro.
47. Melgaço	Município no Pará, com menor IDH do Brasil	-	-	É inviável desenvolver a educação a distância sem antes garantir os direitos fundamentais (saúde e renda) da população.	Melgaço pode ser citado em qualquer tema que fragilize os direitos básicos.

AUTORIDADE	CONHECIDO COMO	CONCEITO/ LIVRO	DATA	EXPLICAÇÃO	APLICAÇÃO NA REDAÇÃO
48. Michel Foucault	Filósofo francês	Controle simbólico	1999	Mostra que a mídia influencia o comportamento das pessoas sem que elas percebam, havendo, assim, um esvaziamento crítico. Apenas a leitura é capaz de interromper o esvaziamento.	Pode ser usado em temas que falem sobre as informações falsas, nos quais a ideologia é mais forte que o senso crítico.
49. Montesquieu	Filósofo francês	"O Espírito das Leis"	1748	Estabeleceu que os indivíduos devem obedecer às leis, sob pena de haver desiquilíbrio social.	Dá para usar em temas que falem sobre o desrespeito às leis.
50. National Health Service	Sistema de Saúde do Reino Unido	"No-mobile phobia", tradução seria nomofobia	–	Consiste na angústia motivada pela falta de contato com aparelhos eletrônicos.	Pode ser usado em temas sobre o mal uso da tecnologia, pois causa alteração do ciclo circadiano (atrapalhando a produção hormonal) e transtorno de ansiedade generalizada.
51. Nelson Mandela	Ex-presidente da África do Sul	Opositor do maior sistema opressor do mundo, o Apartheid	1995	Decidiu sediar a Copa do Mundo de Rúgbi, quando promoveu a união social dentro dos estádios, em que brancos e negros ficaram de um mesmo lado com o mesmo objetivo.	Pode ser usado em temas sobre descontruir o preconceito dentro dos esportes.

AUTORIDADE	CONHECIDO COMO	CONCEITO/ LIVRO	DATA	EXPLICAÇÃO	APLICAÇÃO NA REDAÇÃO
52. Neoliberalismo	Política econômica	Omissão do Estado	1970	O neoliberalismo propõe que o Estado deve se omitir intencionalmente para que serviços públicos básicos, como saúde e educação, sejam prestados por empresas privadas para estimular o livre mercado.	Pode ser usado em temas em que há omissão estatal.
53. O primeiro Código Civil brasileiro	Lei	–	1916	Defendia que o homem era "o chefe da sociedade conjugal" e que a família era o núcleo da sociedade.	Por silogismo, se o homem é o chefe da família, e a família é o núcleo da sociedade, logo, o homem é o líder da sociedade também. Entende? Esse Código Civil já foi TODO atualizado, mas parece que essa ideologia de homem como o centro do mundo ainda precisa de um F5.

AUTORIDADE	CONHECIDO COMO	CONCEITO/ LIVRO	DATA	EXPLICAÇÃO	APLICAÇÃO NA REDAÇÃO
54. OMS	Organização Mundial da Saúde	–	1948	A OMS tem como principal objetivo desenvolver ao máximo o nível de saúde no planeta, cuidando do completo bem-estar físico, mental e social de todos os povos.	Pode ser usado em redações que negligenciem o bem-estar humano.
				Lançou diretrizes básicas sobre o tempo de tela. Mostrou que crianças de 0 a 12 meses não devem ter nenhuma exposição com tecnologia e crianças de 1 a 5 anos tenham, no máximo, 60 minutos por dia. O consumo excessivo pode causar fotofobia, sedentarismo, TDAH.	
				Estabeleceu a Agenda Global do Desenvolvimento: 17 objetivos para estimular ações humanitárias globais até 2030.	
		Agenda 2030	2019	Mostrou que o tratamento do esgoto é condição fundamental para a dignidade humana.	Pode ser usado em temas sobre o saneamento básico.

Cap. 18 • GABARITANDO A COMPETÊNCIA 5

AUTORIDADE	CONHECIDO COMO	CONCEITO/ LIVRO	DATA	EXPLICAÇÃO	APLICAÇÃO NA REDAÇÃO
55. ONU	Organização das Nações Unidas	Comparou o número de mortes violentas do Brasil com a Síria	2015	Chegou à conclusão de que as aproximadas 250 mil mortes em 5 anos de guerra no Oriente Médio foram superadas pelas 280 mil mortes de brasileiros, no mesmo período de 5 anos.	Pode ser usado em temas que tratem da violência urbana. O Brasil, apesar de ser considerado como nação pacífica/ amistosa, é mais cruel do que a Síria (país em constante conflito armado).
56. Organização Meteorológica Mundial	Organização responsável por aferir as condições da atmosfera	OMM	1950	Constatou, em 2018, que a atmosfera perdeu a capacidade de autodepuração (retorno às condições normais de temperatura e pressão) causada pelos gases poluentes.	Pode ser usado em temas que tratem do meio ambiente. O brasileiro é inconsequente com tudo e quem se prejudica é ele próprio.
57. Oswald de Andrade	Escritor modernista da 1ª fase	"Pronominais"	1925	O autor tinha como objetivo valorizar a heterogeneidade social da Língua Portuguesa.	Pode ser usado em temas que tratem do preconceito linguístico.
58. Oswaldo Cruz	Médico sanitarista	Políticas sanitárias	–	Implementou medidas como a coleta de lixo e o tratamento de esgoto.	Pode ser usado em temas sobre o saneamento básico.
59. "Parasita"	Filme sul-coreano	–	2019	Mostra a situação da família Kim, que vive em situação deplorável, excluída de qualquer medida de saneamento básico.	Pode ser usado em temas sobre o saneamento básico.
60. Paulo Freire	Pedagogo brasileiro	Pai da Pedagogia	Século XX	Desenvolveu a obra *Pedagogia do Oprimido*.	A partir dessa obra, Freire desenvolveu a ideia de que a falta de acesso à educação é uma ferramenta de opressão social.

AUTORIDADE	CONHECIDO COMO	CONCEITO/ LIVRO	DATA	EXPLICAÇÃO	APLICAÇÃO NA REDAÇÃO
61. Período Colonial brasileiro	Também chamado de Colonialismo	Colônia de Exploração	Século XVI	A Colônia de Exploração, ao contrário da Colônia de Povoamento, busca subtrair todas as riquezas e todos os recursos.	Você pode mostrar que esse período diz muito sobre a mentalidade do brasileiro, que busca explorar o meio ambiente – ou até os outros indivíduos.
		Ficou conhecido como "ouro branco"	Séculos XVI e XVII	A economia do Brasil era baseada na produção agroindustrial da cana, com isso, houve um forte incentivo ao consumo de açúcar pela população brasileira. Apesar de ser bom para a economia, era um problema de saúde pública.	Pode ser usado em temas que fragilizem a saúde humana, como a obesidade.
62. Peter Sifneos	Psiquiatra norte-americano	"Alexitimia", conhecido popularmente como cegueira emocional	–	Mostra que relacionamentos tóxicos com os pais podem provocar, na criança, a perda da capacidade de demonstrar afeto.	Pode ser usado em temas sobre alienação parental.
63. Phillipe Pinel	Médico francês	Conhecido como Pai da Psiquiatria	Final do século XVIII	Iniciou os estudos da mente humana e entendia que a depressão deveria ser tratada como uma doença e não como uma questão de espiritualidade.	Até hoje, o seu nome é relacionado ao tratamento de doenças de origem da mente.

AUTORIDADE	CONHECIDO COMO	CONCEITO/ LIVRO	DATA	EXPLICAÇÃO	APLICAÇÃO NA REDAÇÃO
64. Política Nacional de Proteção dos Direitos da Pessoa com Autismo	Lei	Política Nacional de Proteção ao Autista	2012	Determina atendimento médico gratuito capaz de realizar diagnóstico precoce, oferece proteção a qualquer tipo de discriminação e dá tratamento isonômico capaz de valorizas as diferenças de desenvolvimento.	Pode ser usado em temas que têm relação com o autismo.
65. Política Nacional de Recursos Hídricos	Lei	Lei das Águas	1997	Determina que a água é um bem de toda a população.	Pode ser usado em temas que abordem a crise hídrica.
66. Política Nacional de Resíduos Sólidos	Lei	PNRS	2010	Extinguiu lixões, com o prazo limite de 2022. Lixões passam por decomposição anaeróbica, que geram substâncias altamente tóxicas, como o chorume e o H2S.	Pode ser usado em temas que tratem do meio ambiente. Essas substâncias afetam a qualidade de vida dos indivíduos.
67. Quarta Revolução Industrial	Fenômeno histórico	Também conhecido como Revolução 4.0	2010	Representa o estágio mais avançado da tecnologia com o surgimento da robótica, da nanotecnologia e da inteligência artificial.	Pode ser usado em temas sobre tecnologia, pois, com o advento da inteligência artificial e da imersão digital, a disseminação do conhecimento ao redor do mundo ficou mais simplificada.
68. Raul Brasil	Escola brasileira	Massacre de Suzano	2019	Em Suzano, Guilherme Monteiro e Luiz Henrique foram responsáveis pela morte de 7 alunos e 11 feridos.	Pode ser usado em temas que tratem sobre bullying nas escolas. Essa prática de violência pode motivar histórias cruéis, como a de Suzano.

AUTORIDADE	CONHECIDO COMO	CONCEITO/ LIVRO	DATA	EXPLICAÇÃO	APLICAÇÃO NA REDAÇÃO
69. Revolução Francesa	Modelo educacional baseado no Iluminismo	"Longlife learning"	1789	Baseado no modelo de obediência, os alunos são formados para serem submissos intelectualmente.	Pode ser usado em temas sobre a educação. É um modelo ultrapassado para a formação de alunos.
70. Richard Gardner	Psiquiatra norte-americano	Síndrome de alienação parental (SAP)	1980	Quando ocorre a persuasão negativa de algum progenitor com relação à criança. A SAP pode trazer consequências para toda a vida da criança.	Pode ser usado em temas sobre alienação parental.
71. Cúpula da Terra	Evento mundial	Popularmente conhecida como Eco-92	1992	Foi um evento internacional para reduzir a poluição a partir de metas objetivas. Nele foi criada a política dos 3 Rs da sustentabilidade: reduzir, reciclar e reutilizar.	Pode ser usado em temas que tratem do meio ambiente. O povo brasileiro é incapaz de entender a relevância dos Rs.
72. São Paulo	Apóstolo	Cartas de Paulo às Igrejas	200 d.C.	Escreveu cartas com orientações remotas sobre os caminhos do cristianismo.	Pode ser usado em temas que tratem da educação.
73. Saúde feminina	Autocuidado	-	-	O endométrio, popularmente conhecido como parede do útero, só apresenta amadurecimento a partir dos 17 anos; ele é responsável pela manutenção e nutrição do feto.	Pode ser usado em temas que abordem a gravidez na adolescência, pois, nessa idade, pode acontecer a má formação fetal, aborto espontâneo, parto prematuro e risco para a vida da mãe.
74. Sérgio Buarque de Holanda	Sociólogo brasileiro	"Raízes do Brasil"	1936	Entenda que o brasileiro, historicamente, é incapaz de separar o interesse público da vida particular, o que motiva a cultura de corrupção.	Dá para usar em temas que falem sobre corrupção mesmo ou desrespeito às leis.

Cap. 18 • GABARITANDO A COMPETÊNCIA 5

AUTORIDADE	CONHECIDO COMO	CONCEITO/ LIVRO	DATA	EXPLICAÇÃO	APLICAÇÃO NA REDAÇÃO
75. Sigmund Freud	Pai da Psicanálise	Cultura de Sucesso	Século XX	Para Freud, os indivíduos modernos são obrigados socialmente a ter êxito em todas as áreas da vida.	Pode ser usado em temas sobre saúde mental. Essa busca frustrada pelo sucesso constante se mostra frequente no Brasil, e sua principal consequência é a depressão.
76. Simone de Beauvoir	Filósofa francesa	Invisibilidade Social	1970 ou final do século XX	No livro *A Velhice*, Beauvoir mostrou que existe um processo de apagamento da figura do idoso. O conceito criado consiste na indiferença sofrida pelas pessoas marginalizadas, consideradas irrelevantes para a sociedade.	Pode ser usado em temas em que ocorra o apagamento de pessoas marginalizadas, consideradas irrelevantes para a sociedade.
77. Steve Jobs	Fundador da Apple	—	—	Defende que todos os indivíduos ao redor do mundo devem dominar a tecnologia, porém atualmente essa lógica se inverte: a tecnologia é que domina os indivíduos.	Pode ser usado em temas que tratam da relação entre indivíduo e tecnologia.
78. Tasso da Silveira	Escola brasileira	Massacre de Realengo	2011	Em Realengo, Wellington Menezes de Oliveira foi responsável pela morte de 12 alunos e 22 feridos.	Pode ser usado em temas que tratem sobre bullying nas escolas. Essa prática violenta pode motivar histórias cruéis.

AUTORIDADE	CONHECIDO COMO	CONCEITO/ LIVRO	DATA	EXPLICAÇÃO	APLICAÇÃO NA REDAÇÃO
79. Tecnopolos	Centro tecnológico	–	–	Locais destinados à produção constante de tecnologia.	Pode ser usado em temas que discutam sobre os desafios da ciência brasileira. A maior do Brasil fica na cidade de Campinas; com o corte de verbas, o desenvolvimento de tecnologia fica prejudicado.
80. "Tempos Modernos"	Produção ficcional norte-americana	–	1936	Denuncia a inabilidade de alguns trabalhadores de se adaptarem às novas tecnologias. Além de criticar o sistema que torna as pessoas irrelevantes.	Pode ser usado em temas sobre o desemprego.
81. Terceira Revolução Industrial	Fenômeno histórico	Conhecida como Revolução Técnico-Científica-Informacional	Final do século XX	Ficou conhecido assim o momento em que surgiram a informática, os computadores e os aparelhos eletrônicos.	O advento da tecnologia permitiu que os indivíduos fizessem mais atividades diárias do que é viável. Essa sobrecarga é prejudicial física e mentalmente.
82. Theodor Adorno	Filósofo alemão	Indústria cultural	Século XX	Entendia que a mídia busca padronizar os comportamentos dos indivíduos para que eles tenham a mesma visão da sociedade e deixem de ser críticos. Para isso, a mídia lança conteúdos vazios em larga escala. Daí vem o nome Indústria Cultural.	Pode ser usado em temas que problematizem a falta de criticidade da população ou a manipulação da mídia.

Cap. 18 • GABARITANDO A COMPETÊNCIA 5

AUTORIDADE	CONHECIDO COMO	CONCEITO/ LIVRO	DATA	EXPLICAÇÃO	APLICAÇÃO NA REDAÇÃO
83. Thomas Hobbes	Filósofo inglês	"Leviatã"	1651	Diz que o indivíduo é motivado pelas vontades e pelas ambições individuais, que levam à relativização do que é ético.	Pode ser usado em temas sobre o corrompimento da ética e da moral do indivíduo.
84. Thomas Hobbes	Filósofo contratualista	Contrato social	Século XVIII	Entendia que a natureza humana tende à maldade, o que torna o convívio social cada vez mais caótico.	Pode ser usado em temas para mostrar a omissão dos indivíduos perante um problema.
85. Tim Berners-Lee	Físico	Criador da World Wide Web, popularmente conhecido como WWW	Início da década de 1990	Ele entendia que a tecnologia consiste em um meio de relacionamento humano, fundamental à vida em comunidade.	Pode ser usado em todo tema que trate da relação entre indivíduo e tecnologia.
86. Vanderlei Cordeiro	Maratonista brasileiro	"Fair play"	Jogos Olímpicos de 2004	Foi bruscamente interrompido e impedido de terminar a competição por ter sido segurado por um irlandês. Vanderlei permaneceu na prova e demonstrou grande espírito esportivo.	Pode ser usado em temas que tratem da violência nos estádios. A postura amistosa do maratonista não é a realidade na maioria dos estádios.
87. Woodstock	Evento norte-americano	Usava como lema "Sexo, drogas e rock'n'roll"	1969	O festival reuniu mais de 400 mil hippies em busca da sexualidade livre, a imprudência deu lugar ao HIV.	Pode ser usado em temas sobre saúde pública, como HIV.
88. Zygmunt Bauman	Sociólogo polonês	"Cultura Líquida"	2013	Ensina que as sociedades pós-modernas tendem a valorizar manifestações grandiosas e o lucro que delas advém, em detrimento da formação social e crítica de uma nação.	Dá para usar em redações que falem sobre a desvalorização da cultura nacional.

50 citações para vários temas

01. "Quando a educação não é libertadora, o sonho do oprimido é se tornar opressor." (Paulo Freire)
02. "As relações sociais são medidas por imagens." (Gui Debord)
03. "Querer ser livre é também querer livres os outros." (Simone de Beauvoir)
04. "O exercício físico é a principal fonte de melhoria em nossas faculdades." (Hugh Blair)
05. "O mais escandaloso dos escândalos é que nos habituamos a eles." (Simone de Beauvoir)
06. "A natureza fez o homem feliz e bom, mas a sociedade deprava-o e torna-o miserável." (Jean Jacques Rousseau)
07. "Não se pode manter a paz pela força, mas sim pela tolerância." (Albert Einstein)
08. "O opressor não seria tão forte se não tivesse cúmplices entre os próprios oprimidos." (Simone de Beauvoir)
09. "É importante que nos tornemos a mudança que queremos ver no mundo." (Mahatma Gandhi)
10. "Recomendações que podem ser lidas como um manual contemporâneo de boa saúde: não coma demais, vigie seu peso, pratique exercícios físicos e durma horas suficientes." (Maimônides)
11. "A cultura está acima da diferença da condição social." (Confúcio)
12. "Ninguém nasce mulher: torna-se mulher." (Simone de Beauvoir)
13. "O homem é por natureza um animal político." (Aristóteles)
14. "A cultura é uma coisa apavorante para os ditadores. Um povo que lê nunca será um povo escravo." (Antônio Lobo Antunes)
15. "Vivemos em tempos líquidos. Nada foi feito para durar." (Zygmunt Bauman)
16. "A verdadeira Medicina é a preventiva, enquanto a terapêutica é insegura. A melhor prevenção é a prática de exercícios físicos." (Hieronimus Mercuriali)
17. "O homem e a vaidade movem o mundo." (Michel Foucault)
18. "A civilização é em grande parte responsável pelas desgraças humanas." (Sigmund Freud)

19. "Nós, indivíduos, homens e mulheres na sociedade, fomos, portanto, de modo geral, abandonados aos nossos próprios recursos." (Zygmunt Bauman)

20. "A sociedade não é movida pelo espetáculo, mas pela vigilância." (Michel Foucault)

21. "A essência dos Direitos Humanos é a possibilidade de ter direitos." (Hannah Arendt)

22. "Para o homem se manter sadio, não basta se alimentar, mas também praticar algum tipo de movimento." (Platão)

23. "Onde há poder, há resistência." (Michel Foucault)

24. "Abdicar de pensar também é crime." (Hannah Arendt)

25. "Se a educação sozinha não pode transformar a sociedade, tampouco sem ela a sociedade mudará." (Paulo Freire)

26. "O homem está condenado a ser livre, pois, uma vez lançado ao mundo, ele é responsável por tudo o que faz." (Jean Paul Sartre)

27. "A nossa crescente falta de aptidão física é uma ameaça à nossa segurança." (John F. Kennedy)

28. "Nada é impossível de mudar." (Bertolt Brecht)

29. "Eduquem as crianças para que não seja necessário punir os homens." (Pitágoras)

30. "O Estado é o verdadeiro detentor do verdadeiro monopólio do uso da força." (Max Weber)

31. "É preciso estudar o passado para prever o futuro." (Confúcio)

32. "A tecnologia é capaz de mover o mundo." (Steve Jobs)

33. "Um povo que lê nunca será um povo escravo." (Antônio Lobo Antunes)

34. "Devemos tratar igualmente os iguais e desigualmente os desiguais, na medida de sua desigualdade." (Aristóteles)

35. "A falta de atividade física destrói a boa condição de qualquer ser humano, enquanto o movimento e o exercício físico metódico o salvam e o preservam." (Hipócrates)

36. "A arte é longa, mas a vida é breve." (Hipócrates)

37. "Enquanto as leis forem necessárias, os homens não estarão capacitados para a liberdade." (Pitágoras)

38. "Acabar com a escravidão não basta. É preciso acabar com a obra da escravidão." (Joaquim Nabuco)

39. "Governar é povoar; mas não se povoa sem se abrir estradas, e de todas as espécies; Governar é, pois, fazer estradas!" (Afonso Pena)

40. "O homem não é nada além daquilo que a educação faz dele." (Immanuel Kant)

41. "Todos são iguais perante a lei, sem distinção de qualquer natureza." (art. 5º da Constituição Federal)

42. "O exercício deve ser considerado como um tributo para o coração." (Gene Tunney)

43. "A experimentação animal, que implica em sofrimento físico, é incompatível com os direitos do animal." (Autor desconhecido)

44. "Aqueles que não conseguem lembrar o passado estão condenados a repeti-lo." (George Santayana)

45. "O homem é o lobo do homem." (Thomas Hobbes)

46. "A educação é a arma mais poderosa que você pode usar para mudar o mundo." (Nelson Mandela)

47. "A insatisfação é o primeiro passo para o progresso de um homem ou de uma nação." (Oscar Wilde)

48. "O indivíduo só poderá agir na medida em que aprender a conhecer o contexto em que está inserido, a saber quais são suas origens e as condições de que depende." (Émile Durkheim)

49. "Um país não muda pela sua economia, sua política e nem mesmo sua ciência; muda sim pela sua cultura." (Herbert José de Sousa/Betinho)

50. "Não corrigir nossas falhas é o mesmo que cometer novos erros." (Confúcio)

Capítulo 19
A redação nas objetivas

Para potencializar a sua preparação, eu montei 10 questões objetivas que se debruçam sobre a montagem de um texto argumentativo, assim como também faz o Enem. Veja a seguir:

TEXTO I PARA AS QUESTÕES 1 E 2

No século XVI, os primeiros navios negreiros saíam, sobretudo, da costa ocidental africana e chegavam ao Brasil trazendo à força africanos, que eram obrigados a trabalhar em condições desumanas, além do fato de os europeus submetê-los a torturas constantes. A liberdade chegou-lhes em 1888 motivada por questões econômicas e sem inclusão social dos negros, que, mesmo no presente século, eles continuam sendo excluídos socialmente. Com efeito, é urgente que os indivíduos deste presente século compartilhem postagens no Facebook que sejam capazes de promover a igualdade e a divulgar independente da raça e da cor.

QUESTÃO 1) O problema apresentado pelo parágrafo argumentativo acima se relaciona com a questão do racismo no Brasil. Pode-se dizer que o autor:

a) Entende que o problema do racismo seja uma questão de políticas públicas, já que o governo vigente não disponibiliza políticas afirmativas, como bolsas e cotas para negros.

b) Atesta que existem outras formas de racismo, não só contra a raça negra, mas também contra a raça branca, cujo nome é "racismo reverso".
c) Demonstra que o preconceito racial contra os negros tem origens históricas, na medida em que não houve valorização dessa raça no momento da Lei Áurea.
d) Afirma que existam pessoas que fazem postagens no Facebook veiculando mensagens de ódio aos negros.
e) Não traz quaisquer propostas de solução ao problema do racismo, mas se preocupa em desenvolver uma alusão histórica sobre o tema.

QUESTÃO 2) Ao ler o TEXTO I, podemos subentender que a **tese** do autor sobre o tema é a seguinte:
a) Os negros eram obrigados a trabalhar em situações desumanas.
b) Os navios negreiros saíam da costa ocidental, principalmente.
c) O poder público não disponibiliza políticas afirmativas no presente século.
d) Historicamente, não houve — e ainda não há — intenção de incluir o negro na sociedade.
e) Os europeus submetiam os negros a torturas constantes.

TEXTO II PARA AS QUESTÕES 3 E 4

Em primeiro plano, a automedicação pode trazer efeitos colaterais indesejados. A química demonstra que os medicamentos agem de forma diversa no organismo dos seres humanos, uma vez que sempre haverá diferença de um metabolismo para o outro. Com efeito, o potencial hidrogeniônico da substância — que é uma escala peculiar a todo composto químico — pode variar em função do peso do paciente, levando em consideração sua idade e o seu nível de enfermidade. Em virtude disso, não é adequado que uma pessoa administre o mesmo medicamento usado por um amigo ou parente, na medida em que não haverá garantia de resultado, podendo até agravar o problema. Portanto, é fundamental que as farmácias solicitem a receita médica antes da venda de um medicamento que traga complicações ao paciente.

QUESTÃO 3) O TEXTO II versa sobre o problema da automedicação e foi desenvolvido, de modo interdisciplinar, por meio da estratégia seguinte:

a) Testemunho autorizado.
b) Comparação com outras nações.
c) Apelo emotivo ao leitor.
d) Causa e consequência.
e) Argumento de autoridade com sociólogo.

QUESTÃO 4) O conceito de informatividade foi definido por Ingedore Villaça como sendo a característica dos textos serem produzidos com informações relevantes, capazes de fugir das informações banais do senso comum. O fragmento que faz jus à informatividade, de modo mais evidente, está em:

a) Em primeiro plano, a automedicação pode trazer efeitos colaterais indesejados.
b) O potencial hidrogeniônico da substância — que é uma escala peculiar a todo composto químico — pode variar.
c) Não é adequado que uma pessoa administre o mesmo medicamento usado por um amigo ou parente.
d) É fundamental que as farmácias solicitem a receita médica.
e) Não haverá garantia de resultado.

TEXTO III PARA A QUESTÃO 5

Outrossim, o uso de medicamentos sem receita e de forma exagerada pode provocar a resistência de bactérias a antibióticos. As bactérias, ao longo do tempo, sofrem mutações e começam a adaptar-se aos antibióticos que são utilizados para combatê-las. Com o consumo demasiado de medicamentos que atuam sobre as bactérias, ocorre maior adaptação bacteriana e a consequente ineficácia do medicamento produzido pelos farmacêuticos, com base em critérios rígidos de dosagem. Assim, ante a resistência de bactérias a antibióticos e à falta de medicamentos para combatê-las, a sociedade fica exposta às doenças causadas por micro-organismos nocivos à integridade do organismo humano. Nesse sentido, é interessante que o Poder Legislativo invista em laboratórios para pesquisas em busca de substâncias que eliminem as bactérias adaptadas.

QUESTÃO 5) Acerca do texto acima, é possível afirmar corretamente:

a) O texto foi desenvolvido por meio do **testemunho autorizado**, na medida em que o autor lança mão de informações relevantes envolvendo o campo da biologia, especificamente da imunologia.

b) O texto foi desenvolvido por meio da **exemplificação**, na medida em que o autor traz exemplos concretos de pessoas que foram prejudicadas pela automedicação, sobretudo por terem tido o seu sistema imunológico prejudicado pela presença de substâncias advindas da automedicação.

c) O texto foi desenvolvido com evidente **interdisciplinaridade**, na medida em que se debruça sobre a imunologia, campo da biomedicina que estuda o conjunto dos mecanismos de defesa do organismo contra antígenos.

d) O texto foi desenvolvido por meio da **causa e consequência**, na medida em que o autor apresenta a resistência a bactérias como o problema que causa a automedicação entre os brasileiros.

e) O texto foi desenvolvido por meio do **argumento de autoridade com sociólogo**, na medida em que o autor lança mão de informações relevantes envolvendo o campo da biologia, especificamente da imunologia.

TEXTO IV PARA AS QUESTÕES 6 A 10

A AIDS na adolescência

A adolescência é um período da vida caracterizado por intenso crescimento e desenvolvimento, que se manifesta por transformações físicas, psicológicas e sociais. Ela representa um período de crise, na qual o adolescente tenta se integrar a uma sociedade que também está passando por intensas modificações e que exige muito dele. Dessa forma, o jovem se vê frente a um enorme leque de possibilidades e opções e, por sua vez, quer explorar e experimentar tudo a sua volta. Algumas dessas transformações e dificuldades que a juventude enfrenta, principalmente relacionadas à sexualidade, bem como ao abuso de drogas ilícitas, aumentam as chances dos adolescentes de adquirirem a infecção por HIV, fazendo-se necessária a realização de programas de prevenção e controle da AIDS na adolescência.

Estudos de vários países têm demonstrado a crescente ocorrência de AIDS entre os adolescentes, sendo que, atualmente, as taxas de novas infecções são maiores entre a população jovem. Quase metade dos novos casos de AIDS ocorre entre os jovens com idade entre 15 e 24 anos. Considerando que a maioria dos doentes está na faixa dos 20 anos, conclui-se que grande parte das infecções aconteceu no período da adolescência, uma vez que a doença pode ficar por longo tempo assintomática.

Existem algumas características comportamentais, socioeconômicas e biológicas que fazem com que os jovens sejam um grupo propenso à infecção pelo HIV. Dentre as características comportamentais, destaca-se a sexualidade entre os adolescentes. Muitas vezes, a não utilização dos preservativos está relacionada ao abuso de álcool e outras drogas, os quais favorecem a prática do sexo inseguro. Outras vezes os jovens prescindem do preservativo quando em relacionamentos estáveis, justificando que seu uso pode gerar desconfiança em relação à fidelidade do casal, apesar de que, no mundo, hoje, o uso de preservativo nas relações poderia significar uma prova de amor e proteção para com o outro. Observa-se, também, que muitas jovens abrem mão do preservativo por medo de serem abandonadas ou maltratadas por seus parceiros. Por outro lado, o fato de estar apaixonado faz com que o jovem crie uma imagem falsa de segurança, negando os riscos inerentes à ausência do preservativo.

Outro fator importante a ser levado em consideração é o grande apelo erótico emitido pelos meios de comunicação, frequentemente direcionado ao adolescente. A televisão informa e forma opiniões, unificando padrões de comportamento, independente da tradição cultural, colocando o jovem frente a uma educação sexual informal que propaga o sexo como algo não planejado e comum, dizendo que "todo mundo faz sexo, mas poucos adoecem".

(Disponível em: http://www.boasaude.com.br/artigos-de-saude/3867/-1/a-aids-na-adolescencia.html. Adaptado. Acesso em: 19 abr. 2016.)

QUESTÃO 6) De acordo com as informações textuais, podemos inferir:
a) As notificações da AIDS e do HIV são obrigatórias e urgentes.
b) O número de casos de AIDS se mantém em escala ascendente entre casais homoafetivos.
c) O adolescente busca a si mesmo e não há constantes flutuações de humor.
d) A AIDS deixou de ser uma doença letal e se tornou uma condição crônica passível de controle.
e) O consumo de álcool e drogas pode ser uma das causas para o contágio pelo vírus da AIDS.

QUESTÃO 7) A palavra **PRESCINDEM**, no fragmento *"Outras vezes os jovens prescindem do preservativo quando em relacionamentos estáveis (...)"*, equivale a:
a) Dispensam.
b) Necessitam.
c) Fazem uso.
d) Reivindicam.
e) Controlam.

QUESTÃO 8) *A adolescência é um período da vida caracterizado por intenso crescimento e desenvolvimento, que se manifesta por transformações físicas, psicológicas e sociais. Ela representa um período de crise, no qual o adolescente tenta se integrar a uma sociedade que também está passando por intensas modificações e que exige muito dele.*
Com base no fragmento apresentado, assinale a assertiva correta:
a) O pronome relativo que inicia a oração "**que se manifesta por transformações físicas, psicológicas e sociais**" tem como referente o substantivo **vida**.
b) O pronome pessoal **ela** tem função dêitica e anafórica, ou seja, localiza o enunciado no tempo e no espaço e retoma a palavra **adolescência**.
c) O pronome pessoal **ela** tem função dêitica e catafórica, ou seja, localiza o enunciado no tempo e no espaço e retoma a palavra **adolescência**.
d) Os dois pronomes relativos da oração "**que** também está passando por intensas modificações e **que** exige muito dele" têm como referente o substantivo **sociedade**.

e) Os pronomes relativos da oração "**que** também está passando por intensas modificações e **que** exige muito dele" têm como referentes os substantivos **adolescente** e **sociedade**, respectivamente.

QUESTÃO 9) O fragmento "A adolescência é um período da vida caracterizado por intenso crescimento e desenvolvimento, que se manifesta por transformações físicas, psicológicas e sociais" foi reescrito sem alteração do sentido original e sem erros gramaticais em:

a) Os adolescentes imaturos sofrem transformações físicas e psicológicas da sociedade, a qual se caracteriza por intenso crescimento e desenvolvimento.
b) O crescimento intenso e o desenvolvimento caracterizam a adolescência, a qual se manifesta por transformações de ordem psicológica, social e física.
c) O intenso crescimento e desenvolvimento são característicos de um período da vida chamado adolescência, que se manifesta por transformações físicas, sociais e psicológicas.
d) Físicas, sociais ou psicológicas, as mudanças que caracterizam a intensidade dos adolescentes manifestam-se em um período da vida restrito à adolescência.
e) A adolescência, período da vida caracterizado por crescimento e desenvolvimento físico e psicológico, manifesta-se por meio de transformações sociais intensas.

QUESTÃO 10) No primeiro parágrafo do texto sobre adolescência, fica clara a seguinte assertiva:

a) O autor inicia sua redação por meio da estratégia de abordagem flashes argumentativos.
b) O autor inicia sua redação de modo interdisciplinar com história, na medida em que define o que é a adolescência.
c) O autor inicia o texto por meio da estratégia da definição do tema/assunto, na medida em que se vale de características da adolescência para iniciar a redação.
d) O autor do texto inicia sua redação por meio da definição do que seja adolescência, mas não dá nenhuma proposta de intervenção para minorar os problemas dela advindos.
e) O autor inicia a sua redação por meio de propostas de intervenção, que serão desenvolvidas no decorrer da produção textual.

GABARITO

01 | C	02 | D
03 | D	04 | D
05 | C	06 | E
07 | A	08 | D
09 | C	10 | C

REDAÇÃO NOTA 1000 DO PROFINHO
(ENEM 2016)

TOLERÂNCIA NA PRÁTICA

A Constituição Federal de 1988 — norma de maior hierarquia no sistema jurídico brasileiro — assegura a todos a liberdade de crença. Entretanto, os frequentes casos de intolerância religiosa mostram que os indivíduos ainda não experimentam esse direito na prática. Com efeito, um diálogo entre sociedade e Estado sobre os caminhos para combater a intolerância religiosa é medida que se impõe.

Em primeiro plano, é necessário que a sociedade não seja uma reprodução da casa colonial, como disserta Gilberto Freyre em "Casa-Grande e Senzala". O autor ensina que a realidade do Brasil até o século XIX estava compactada no interior da casa-grande, cuja religião oficial era católica, e as demais crenças — sobretudo africanas — eram marginalizadas e se mantiveram vivas porque os negros lhes deram aparência cristã, conhecida hoje por sincretismo religioso. No entanto, não é razoável que ainda haja uma religião que subjugue as outras, o que deve, pois, ser repudiado em um Estado laico, a fim de que se combata a intolerância de crença.

De outra parte, o sociólogo Zygmunt Bauman defende, na obra "Modernidade Líquida", que o individualismo é uma das principais características — e o maior conflito — da pós-modernidade, e, consequentemente, parcela da população tende a ser incapaz de tolerar diferenças. Esse problema assume contornos específicos no Brasil, onde, apesar do multiculturalismo, há quem exija do outro a mesma postura religiosa e seja intolerante àqueles que dela divergem. Nesse sentido, um caminho possível para combater a rejeição à diversidade de crença é desconstruir o principal problema da pós-modernidade, segundo Zygmunt Bauman: o individualismo.

Urge, portanto, que indivíduos e instituições públicas cooperem para mitigar a intolerância religiosa. Cabe aos cidadãos repudiar a inferiorização das crenças e dos costumes presentes no território brasileiro, por meio de debates nas mídias sociais capazes de desconstruir a prevalência de uma religião sobre as demais. Ao Ministério Público, por sua vez, compete promover as ações judiciais pertinentes contra atitudes individualistas ofensivas à diversidade de crença. Assim, observada a ação conjunta entre população e poder público, alcançará o país a verdadeira posição de Estado Democrático de Direito.

Nome: VINICIUS OLIVEIRA DE LIMA

NÚMERO DE INSCRIÇÃO
161000233940